タタタタ

目次

「マックロクロスケ出ておいで!」の家

制作―宮崎吾朗

アニメーション映画「となりのトトロ」は、お父さんに連れられてサツキとメイの姉妹が郊外に引っ越しをする場面から始まります。二人が引っ越した家は、和風の建物に洋館がくっついたちょっぴり古い家でした。その家で暮らし始めてから、サツキとメイは不思議な生き物たちに出会うのです。

　誰もが知っている「となりのトトロ」に登場するこの家を、2005年に開催される愛知万博の会場に建てることを任されたときに、私が真っ先に考えたことは、「本物をつくろう」ということでした。

　映画の中で描かれているのは、サツキとメイが不思議な生き物たちと出会うことだけではありません。引っ越した後の掃除から始まって、かまどでご飯をつくったり、薪でお風呂を沸かしたり、井戸水で洗濯をしたりといった昭和30年代の暮らしぶりが活き活きと描かれていて、そうした暮らしの様子一つひとつがとても印象的です。サツキとメイが新しい家と出会い、そこで暮らすことそれ自体が実は映画のもっとも大きな事件だと言えるでしょう。

　ですから、この家を実写映画のセットのように建てることはたやすいことでしたが、形だけが同じというものでは十分ではないと思いました。実物をつくるのならば、サツキやメイが感じたような手触り、香りや音といった気配が備わっている家にしたい。そのためには材料もつくり方もすべて当時のやり方で、そしてその頃のように本当に人が暮らせる家にすべきだと考えたのです。

　考えてみれば、薪を焚くかまどやお風呂は当然ですが、隣のおばあちゃんが様子を見にきてくれる縁側も、開け閉めするときにガラガラという音のする引き戸や雨戸も今では珍しいものになりました。マックロクロスケが棲み着くことができる暗がりを今の家に見つけることも至難です。50年ばかりの間に私たちの暮らしぶりはずいぶん変わってしまっているのです。

　多くの人たちの協力によって「サツキとメイの家」を建てていく過程は、私にとって暮らしの歴史をあらためて発見し、過去と現在の変わりようを再認識する過程でもありました。

　夕暮れ時、完成した「サツキとメイの家」の茶の間に座っていると、映画の中にいるようでもあり、今はなくなってしまった祖父母の家にいるようにも錯覚します。懐かしさと新鮮さが同居する不思議な気分で、もしかするとマックロクロスケが暗がりからこちらを見ているのではないかと空想してみたりするのです。

宮崎吾朗《みやざきごろう》
1967年、東京生まれ。三鷹の森ジブリ美術館館長。信州大学森林工学科卒業後、建設コンサルタントとして公園緑地や都市緑化などの計画、設計に従事。その後'98年より三鷹の森ジブリ美術館の総合デザインを手がけ、'01年より現職。

洋館外観

1階はお父さんの書斎。
パーゴラの支柱の根元に注目。

和室

和室は2間とも8畳。サツキの勉強机が置いてある。

縁側

[右] 沓脱石《くつぬぎいし》の向こうに縁側、和室。和室奥に床の間が見える。
[下] 和館外観。
[左頁] 縁側。メイがドングリを見つけたところ。

茶の間

ちゃぶ台の上には、お父さんの湯のみと新聞。

玄関

［右］玄関の佇《たたず》まい。障子は「はめ殺し」で明かりとり用のもの。
［下］玄関入口から見える丸窓。その向こうに見えるのは和室の照明。

炊事場

昭和初期ごろの台所。サツキは流しの手押しポンプ、調理台、かまどなどで家事をした。

便所

大便器は汲み取り式で、穴の底には便を貯める甕《かめ》がある。
小便器は「朝顔」ともいわれる。手洗いは手水《ちょうず》で。

風呂場

大きい方の釜は風呂として使い、小さい方は上がり湯専用で使った。薪で焚く長州風呂。

お父さんの書斎

机の前の壁にはメイがつくったカレンダーが。

家中を探検する。

サツキの勉強机。

和室

[上段右] 天井や欄間。照明器具コードの長さは自在球で調節する。

[上段左] 縁側天井。杉の丸太からつくった 21 尺（約 6 m 36cm）の縁桁。

[中段右·下段右] 和室窓の手摺り。一枚板を菱形にくり貫き手摺りの飾りに。

[中段中] 丸窓ごしに木の影が映りこむ縁側の引分け障子。

[中段左] 縁側の無双窓付き雨戸。雨戸の戸締り用に猿錠《さるじょう》も付いている。

[下段左] 和室の床柱は樹齢約 200 年の杉を使用。押入れのふすまにはうっすらと雲母の花模様が浮かぶ。

茶の間

［上段右］玄関に設置されているブレーカー。昭和初期の陶器製のもの。

［上段左］茶の間のタンスの上、昭和 30 年ごろのラジオとドロップの缶。

［中段右］脱衣所の入口。竹が使われている落し掛けは映画の設定で宮崎駿監督が指定。

［中段左］茶の間の茶だんす。格子状の建具は虫除けの金網を張った仕上げ。

［下段左］家族のご飯茶碗。

炊事場

［上段右］照明は昭和初期の方法で焼いたガラスのシェードを使用。
［上段左］手押しポンプと、タイル張りの流し台。
［中段右］流しの側の足元には薪で焚く風呂の焚き口がある。
［中段左］式台の上に置かれたたんす。式台の下は物入れ。
［下段右］薪で煮炊きする構造のかまど。

お父さんの書斎

［上段右］洋館の出窓。窓は色ガラス、型ガラス、板ガラスの組み合わせ。
［上段左］書斎のドア。ドアのガラスは結晶ガラスと型ガラスの組み合わせ。
［中段左］蓄音機に代わり昭和初期ごろから普及し始めたラジオ付きの電気蓄音機。
［下段左］机の上に広げられたノートと考古学の本など。

[上] テラスに面したガラスの扉。この扉は桟と10枚の板ガラスを組み合わせてつくられている。現在のように大きな板ガラスがつくれなかった昭和初期ならではのもの。
[右] 屋根裏部屋の窓。がらり戸が付いている。
[左] 書斎脇の急な階段を上ると洋館の屋根裏部屋。

「と」印の鬼瓦、洋館の屋根の先端の棟飾り。洋館と和館の屋根が複雑に重なる。

屋根まわり

[上右] 洋館の呼樋《よびどい》。呼樋とは軒樋《のきどい》（軒先に設けた樋）と竪樋《たてどい》（軒樋からの雨水を地上面まで導く樋）を接続する部分の樋のこと。

[上左] 和館の樋。呼樋の形が洋館のものと違う。

[右] 屋根を支える骨組構造が見える軒裏。

映画「となりのトトロ」
宮崎駿監督のイメージボードより

基本設定&設計

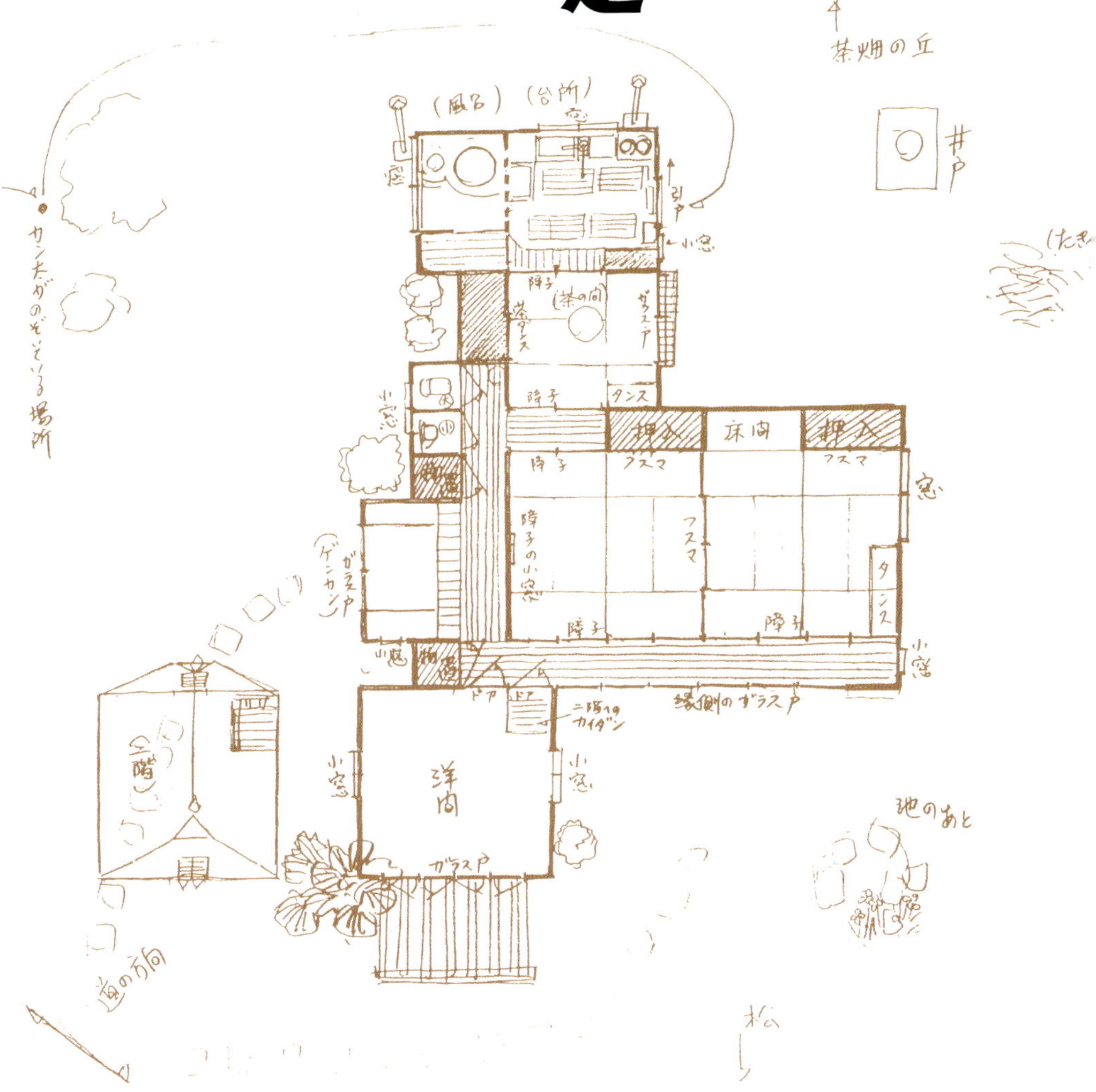

「サツキとメイの家」の間取り図。
映画「となりのトトロ」の制作時に、宮崎駿監督の描いた絵コンテなどをもとに美術監督・男鹿和雄が描きおこした。

基本設定

1 映画「となりのトトロ」より

「サツキとメイの家」の大もとの設定となる映画「となりのトトロ」は、昭和30年代初期ごろの日本を舞台とした話。物語は、主人公のサツキとメイの姉妹がオート三輪で引っ越してくる場面から始まる。引っ越し先は、少し前までの日本の、どこにでもあった田園と里山の風景が広がる、東京近郊の松郷（現・埼玉県所沢市松郷）という農村の古い一軒家。胸を病んで入院していた母親がまもなく退院するので、環境のよい空気のきれいな家に迎えようと引っ越してきたのだ。

　家はサツキとメイが引っ越してくるずっと以前の昭和10年ごろ、当時の中産階級の人が家族の療養のために別荘として建てたもの。しかし、療養を必要としていた家族が亡くなり家はほとんど未使用のまま、必要最低限の手当てだけがされながら永い間放置されていた。

2 建築様式

昭和10年代に中産階級向けに建てられた、和風建築に洋風の応接間が付属した住宅。木造平屋建て。母屋は瓦屋根、洋館部分はトタン屋根。一部、洋館部分には屋根裏あり。

［間取り］
8畳和室（座敷）×2室
6畳程度の洋室
4.5畳和室（茶の間）
炊事場
風呂場
便所
玄関

［設備］
生活用水…井戸
電気…照明及び電源用コンセントのみ
電話…なし
便所…汲み取り式
風呂及びかまど…薪を利用
井戸小屋…家とは別に設ける

3 時代背景～草壁家年表

家はそこに暮らす人の生活ぶりや性格、ものの考え方、時代背景によって変化する。サツキとメイの一家・草壁家は父（草壁タツオ）と母（ヤス子）、小学4年生のサツキ、4歳のメイの4人家族。彼らが暮らした昭和30年代初期という時代を考えてみた。

◆参考資料
『日本人とすまい～間取り』
（2001年 リビングデザインセンター
OZONE企画展）
『昭和・平成家庭史年表』
下川耿史著、家庭総合研究所編
（河出書房新社）
『キャラメルの値段』
市橋芳則著
（河出書房新社）

草壁家年表

年代 年号	西暦	社会の出来事	暮らし	建主 主人	妻	主な出来事	草壁家族 タツオ	ヤス子	サツキ	メイ	主な出来事
大正5年	1916										
大正6年	1917		電気七輪、アイロン、ストーブなどの家電が使われ始める								
大正7年	1918										
大正8年	1919										
大正9年	1920	戦後恐慌									
大正10年	1921		生活の洋風化が本格化	27	22						
大正11年	1922		子供服の需要が本格化	28	23						
大正12年	1923	関東大震災		29	24						
大正13年	1924		簡易服「あっぱっぱ」流行、「文化○○」の名称が流行	30	25						
大正14年	1925	治安維持法公布	東京放送局ラジオ放送開始、山手線環状運転開始	31	26						
昭和元年	1926		立式台所普及、一般家庭にガラス戸普及	32	27						
昭和2年	1927		モガ・モボ全盛、上野～浅草間、日本初の地下鉄開通	33	28						
昭和3年	1928		NHKラジオ全国放送開始、ちゃぶ台家庭に普及	34	29		0	0			
昭和4年	1929	世界恐慌始まる（～1933）	映画「大学はでたけれど」が就職難深刻で共感を呼ぶ	35	30		1	1			
昭和5年	1930		国産電気冷蔵庫、電気洗濯機発売	36	31		2	2			
昭和6年	1931	満州事変	国産電気掃除機発売、早沸き釜風呂発表	37	32		3	3			
昭和7年	1932	上海事変、5.15事件	日本橋のデパート白木屋で火災	38	33		4	4			
昭和8年	1933	国際連盟脱退	ガスが家庭用燃料として1位となる	39	34		5	5			
昭和9年	1934		東京市内でアパート急増	40	35		6	6			
昭和10年	1935		東京にて喫茶店流行	41	36	松郷（所沢近辺）に別荘の建築	7	7			
昭和11年	1936	2.26事件	「文化湯沸かし器」登場、アルマイトの弁当箱流行				8	8			
昭和12年	1937	日中戦争	戦時下の耐乏生活、結核の死亡率世界一				9	9			
昭和13年	1938	国家総動員法公布	代用日用品として、陶製鍋、竹製スプーン、木製バケツ				10	10			
昭和14年	1939	第2次世界大戦	鉄製普及品の回収				11	11			
昭和15年	1940	日独伊三国軍事同盟締結	家庭用電気器具の使用の禁止				12	12			
昭和16年	1941	太平洋戦争					13	13			
昭和17年	1942						14	14			
昭和18年	1943	学徒出陣始まる					15	15			
昭和19年	1944	学童集団疎開始まる	ガス・電力の消費規制を強化				16	16			
昭和20年	1945	東京大空襲、終戦					17	17			
昭和21年	1946	日本国憲法公布	『婦人公論』復刊、「サザエさん」連載開始				18	18			タツオ、ヤス子大学入学
昭和22年	1947	日本国憲法施行	第1次ベビーブーム（～1952）、小学校給食再開			築25年経過	19	19			
昭和23年	1948						20	20			
昭和24年	1949	湯川秀樹ノーベル物理学賞受賞	編み物流行、蛍光灯など照明器具市販化				21	21			タツオ、ヤス子結婚
昭和25年	1950	朝鮮戦争勃発	特需景気で日本の経済復興始まる				22	22	0		サツキ誕生
昭和26年	1951	日米安全保障条約調印					23	23	1		
昭和27年	1952	GHQ廃止	原付自転車「カブ」発売				24	24	2		
昭和28年	1953		NHK、民間では日本テレビ放送網が初のTV本放送開始				25	25	3		
昭和29年	1954		プロパンガス家庭に普及				26	26	4		
昭和30年	1955	神武景気（～1957）	家電「三種の神器」時代に				27	27	5		
昭和31年	1956	経済白書「もはや戦後ではない」	ステンレス流し台が公団住宅のDKにはじめて登場			建物修繕	28	28	6	0	メイ誕生
昭和32年	1957	ナベ底不況（～1958）				外壁、屋根部ペンキ塗装	29	29	7	1	
昭和33年	1958	岩戸景気（～1961）	「スバル360」発表、「フラフープ」流行			襖、障子張替え	30	30	8	2	
昭和34年	1959	皇太子（現天皇）御成婚	プレハブ住宅第1号発売（6畳1間11万8千円）				31	31	9	3	
昭和35年	1960	所得倍増計画	カラーテレビ本放送開始			草壁家引っ越し	32	32	10	4	草壁家引っ越し
昭和36年	1961	この頃より高度成長が始まる									
昭和37年	1962	オリンピック景気（～1964）	スーパーマーケット急増								
昭和38年	1963		兼業農家が全農家の4割超える								
昭和39年	1964	東京オリンピック開催	東海道新幹線開通、日本人の海外観光渡航自由化								
昭和40年	1965	いざなぎ景気（～1970）	家庭内風呂全国で67.8%に達する								
昭和41年	1966	総人口1億人を突破	「ママレモン」発売、家庭用電子レンジ発売								

昭和10年代の暮らし

◆物価
金太郎飴…30銭　鉛筆…3～5銭
学帽…6銭　電球…30銭
放送受信料…月額50銭

◆地方の生活様式
電灯…各戸に1、2灯と定められていた。
飲料水…井戸や川の水を汲んで水甕に貯蔵。
風呂…木製の五右衛門風呂。
便所…板張りを四角に切り抜いた形。
　　農家では戸外が普通。

◆平均寿命（昭和10年）
男性44.8歳、女性46.5歳

昭和30年代の暮らし

◆収入（昭和34年　平均月収）
事務職員…1万6902円
電話交換手…9945円
和文タイピスト…9590円
高校教諭…2万1645円

◆住居費（昭和34年）
家賃（1ヶ月1坪／民営／借家）…337円
家賃（1ヶ月1畳／民営／借間）…704円
家賃（1ヶ月1坪／公営）…332円

◆平均寿命（昭和35年）
男性65.32歳、女性70.19歳

この基本設定は「サツキとメイの家」をつくるにあたって、建物の築年数や、家の暮らしぶりを再現するための参考として、スタッフが独自に想定したものです。映画の設定と若干異なる部分があります。

設計

映画のセットではない、本当に住める家を

建築設計・監理 ― 山田達也

映画の中の家を実物化するための図面づくり

今回の「サツキとメイの家」で、私は設計全般を担当しました。仕事の内容を大雑把に言うと、大もとになる図面を書くことから始まって、役所への申請や交渉、大工さんに出してもらった見積りをもとにした建設費の検討、工事の着工後はジブリの意向と現場の意見のすり合わせといったことです。

家の図面を書くにあたっては、やはり一般の住宅を建てる際にはない、映画の中の家を実物化することならではの苦労がありました。家の外観や内部の図面を書く際に映画「となりのトトロ」やその関連本を参考にしたんですが、映画中では間取りから外観にいたるまでそれぞれのシーンに合ったデフォルメや変更がなされているので、なかなかピタッといかないんです。このシーンでは壁があるのに違うシーンではなくなっているとか、建具の形が場面ごとに違っているとか、映像どおりに間取りを書くと、炊事場が家からはみ出ちゃったり（笑）。

内部については、少しずつ間取りを変えたりすることで比較的クリアしやすかったんですが、外観については少し面倒でした。というのも、外観は映画を観た人々の持っている「サツキとメイの家」のイメージに直接かかわってきますから。たとえば、屋根の勾配も映画の中では場面によって違うんです。これを、映画の中のイメージと住宅としての構造的な問題の両面から実物化の着地点を探るのに、とても苦労しました。

とはいうものの、映画の中に出てくる家をそのまま建てるのは、そう難しいことではありません。満たさなければいけない基準は「映画の中の建物にどれだけ近いか」だけですから。でも、今回の計画を統括する宮崎吾朗さんと話しているうちに、「映画のセットのような家を建てるんじゃ面白くない。本物の『サツキとメイの家』を建てよう」ということになりました。その結果、「サツキとメイの家」は、この家が建てられた昭和初期の日本で使われていた工法と材料だけで甦らせるという、とんでもない計画になってしまった（笑）。

これによって、満たさなければならない基準が一気に増えました。まず、映画に出てくる「サツキとメイの家」であること、実際の住宅としてよい家であること、昭和初期の工法と材料だけを使うこと。話し合いの段階では気づきませんでしたが、これらの条件すべてを満たすのがどれだけ大変かは、早晩思い知ることになります。

木を組んで建てる 昭和初期の伝統工法の選択

「セット」でなく、「住宅」を建てるということになって、さまざまな問

題が発生しました。まず、工法の問題。映画の中の「サツキとメイの家」は、現在も広く普及している在来工法で建てられているんですが、現在と昭和初期では同じ在来工法でも大きく変化しています。現在の在来工法の多くは、まずプレカット工場で部材をつくってもらって、大工さんが釘やボルトといった金物を使ってそれを組み立てていきます。

それに対して、昔の大工さんは一本一本自分で材木を刻んで、ほぞ（木材や石材でふたつの部材を接合するとき一方の端につくる突起）を組んでいくという工法をとっていました。彼らは、金物をほとんど使わずにいろんな木組みを駆使して、その力だけで家を建てていたんです。この建て方は現在の一般的な在来工法と区別して伝統工法と呼ばれていますが、現在でもごく少数派ながらそういった工法で家を建てている大工さんのグループがあります。今回仕事をお願いした「職人がつくる木の家ネット」や「大工塾」もそうなんです。

少し話が逸れますが、別に彼らは「文化」を保存するために伝統工法をとっているわけではありません。

日本の伝統工法というのが、風に揺れても戻るという工法なのに対して、現在の在来工法は筋交いやパネルを入れて、かちっと固めて耐えるという工法なんです。そうすると、揺れてもつためには、柔軟性のあるほぞで組むのが理にかなっているし、逆に固めて耐えるには釘や金物で接続するのが理にかなっている。伝統工法というのは、単なるこだわりではなく、非常に合理的な工法なんです。

「住宅」を建てることにしたため、法律的な問題も新たに発生しました。今、世の中でシックハウスが大きな問題になっていて、住宅を建てる際は24時間の換気システムを取り付ける必要があります。その法律は「サツキとメイの家」にも適用されたんですが、今回はシックハウスの原因となるホルムアルデヒドを含んだ物質はまったく使ってないんです。昭和10年代には、そんな物質はありませんでしたからね。だけど結局、換気のために一部仕様の変更をしなければなりませんでした。なんとも滑稽な話ですが。

映画と実際の住宅では差があった天井の高さ

設計にあたっていちばん苦労したのは、なんといっても映画の中の「サツキとメイの家」と、住宅としての「サツキとメイの家」のすり合わせですね。

まず、宮崎駿監督が昔見た「こんな建物だった」というイメージがある。それに対して、実際に家を建てる大工さんには、大工さんなりの住宅についての考え方がある。ときとして両者が衝突してしまうわけです。大工さんと宮崎（駿）監督、すなわちジブリ側との調整の苦労話は、ありすぎて困るくらいありますよ（笑）。

最も問題になったのは、建物を古く

見せるように加工するエイジングを行うか否かと天井の高さをどうするかです。「サツキとメイの家」はもともと昭和初期に建てられ、それから20数年後にサツキとメイが引っ越してくるまで放置されていたという設定からエイジングの必要性があったんですが、エイジングについては、今回棟梁を務めた増田拓史さんに語ってもらったほうが面白いので（72ページ参照）、ここでは天井高の話をしましょう。

昭和初期、一般的に住宅を建てる柱は3メートルと4メートルのものしかありませんでした。そして10尺の3メートルものが一般の住宅用の標準で、丈三《じょうさん》材と呼ばれる4メートルものは、かなり高級な住宅の柱として使われていました。

はじめに図面を書いてみてわかったのは、宮崎監督のイメージする建物の天井の高さを実現するには、3メートルものでは長さが足りず、丈三材を使わなければならないということです。しかしそれに対して、大工さんの方から「あの建物に丈三材を使うのは、家の格という点でふさわしくない」という意見が出されました。確かに、今回の「サツキとメイの家」が建てられたとする昭和初期の見方からすれば少し裕福な一般家庭の住宅であって、丈三材を使うような豪邸ではありません。そうすると天井高は3メートルの柱に合わせたものが適当だし、建物の見た目のバランスを考えてもその方がよいと、大工さんは彼らの常識に照らしてそう考えたわけです。僕自身もそう思いました。じゃあ、折衷案として、丈三材を切って短くして使えばいいのかというと、そうもいかない。大工さんによれば、「当時の大工は、せっかくのいい材料をわざわざ切って使うなんてことはしなかった」と。確かに正論です。こちらも「当時のやり方でとことん本物を追求する」と宣言した上で依頼しているわけですし。大工さんたちにもこだわりがあるので、自分が疑問に思ったらそう簡単には「うん」とは言ってくれません。

結局、当時建てられた天井高が同じくらいの住宅をあちこち探し回りました。そしてとうとう条件に合う建物を見つけ出して、大工さんに「ほら、この家もこうなっている。実際にあるんだからアリなんじゃない?」って（笑）。

天井の高さに限らず、ジブリと現場の大工さんとの間に少しでも意見の食い違いがあれば、お互い納得のいくまで打ち合わせを重ねました。

自分で取材した古い建物が教科書

大工さんへの説得もそうですが、「サツキとメイの家」を建てるにあたり、当時その工法や材料が使われていたかどうかを調べるために、かなり取材を重ねました。東京都小金井市にある「江戸東京たてもの園」は、まとまって古い建物を見ることができるのでとても役に立ちました。

すでに何度か言っていますが、「サツキとメイの家」のキーワードは「本物」です。そして、僕にとっての本物とは「実際に存在していたこと」なんです。

山田達也《やまたたつや》

1963年生まれ、静岡県出身。一級建築士。中部大学建築学科卒業後、名古屋にて設計事務所勤務。その後、設計士として東京に仕事の場を移し、一般住宅の設計に従事するかたわら、スタジオジブリの第2スタジオ、第3スタジオなどの設計に携わる。'01年、山田建築研究所を設立し三鷹の森ジブリ美術館の事務所「草屋」を設計。

だから自分が設計や工法、材料で迷ったときは、なにはともあれ「江戸東京たてもの園」や古い民家を見に行って、当時の建物が実際にどうなっているのかを徹底的に調べました。そして、そこで使われていれば「サツキとメイの家」にも使っていいということにしました。たとえそれが、世界中でたったひとつの例だとしても、当時それをやっていた家があったのだったら、それは「アリ」なんです。

実際に残っている当時の建物やその写真が、この「サツキとメイの家」を建てるための教科書なんです。だって、本や資料で読んでも、それは二次的な情報で、どこまでが本当かわからないでしょ? そしてそれは同時に、「これは時代的におかしい」と指摘されたとき、「当時のこんな例がありますよ」と言えるためのアリバイにもなるわけです。

正直に言いますと、「サツキとメイの家」には1か所、当時まだ一般の住宅には使われていなかった材料が使われています。それは屋根の瓦の下に敷く下地材なんですが、工期の関係で当時一般的だったトントンぶきという工法ではなく、ルーフィングを採用しました。でもそれは、「当時どうだったのかはわからないけど、とりあえず使っちゃおう」ではなくて、知っていて使っているという意味で、最低限のハードルは越えていると思っています。

解体現場で手に入れた ゆがんだガラスからの景色

「サツキとメイの家」を建てるにあたって、調達するのに最も苦労したのはガラスです。というのも、当時あったようなガラスを今ではつくることができないからです。大手メーカーにも問い合わせたのですが、「当時と今とでは製法が根本的に変わっていて、工場ごと変えなきゃつくれません」と(笑)。現在の製法でつくられるガラスはすべて均一に平らなんですが、かつてのガラスにはゆがみがあるんです。たとえば、「江戸東京たてもの園」にある明治に建てられた高橋是清邸のガラスのゆがみ方はすごい。そのガラスを通して見る外の景色はまったく違います。

それはともかく、新しくつくれないとなったら古い建物からもらってくるしかない。そんなわけで、古い民家の解体情報が入るたびに、(宮崎)吾朗さんや親方の中村武司さんと古いガラスをもらいに駆けつけました。そういう意味では、ガラスは「サツキとメイの家」の見所のひとつです。このゆがんだガラス越しに外を見ると、景色がグニョッとゆがんでいて、それを見るたびに「ああ、ゆがんでる。よかったなぁ」って(笑)。

「サツキとメイの家」は、ガラスを通して見る風景から建具の引き手などの細部にいたるまで、すべて「当時のものとしておかしくないか?」という検証をへて建てられました。そういう小さな積み重ねが、「本物」のリアリティを生んでいると思います。

あの家は、タイムマシンで当時に持っていってもまったくおかしくない、間違いなく当時の“ちょっといいウチ”です。

(談)

設計 平面プランの検討過程

「サツキとメイの家」の平面プランは、映画制作時に描かれた家の間取り図（25ページ）をもとに検討を始めた。平面プランを作成し、そのプランと映画本編の中の映像、当時実際に建てられた建物との比較検証を繰り返した。さらに、「当時、この家を実際に建てたとしたら、こうやってつくっただろう」という視点で昭和初期の材料と工法で建てることを前提に検討を行い、プランを固めていった。

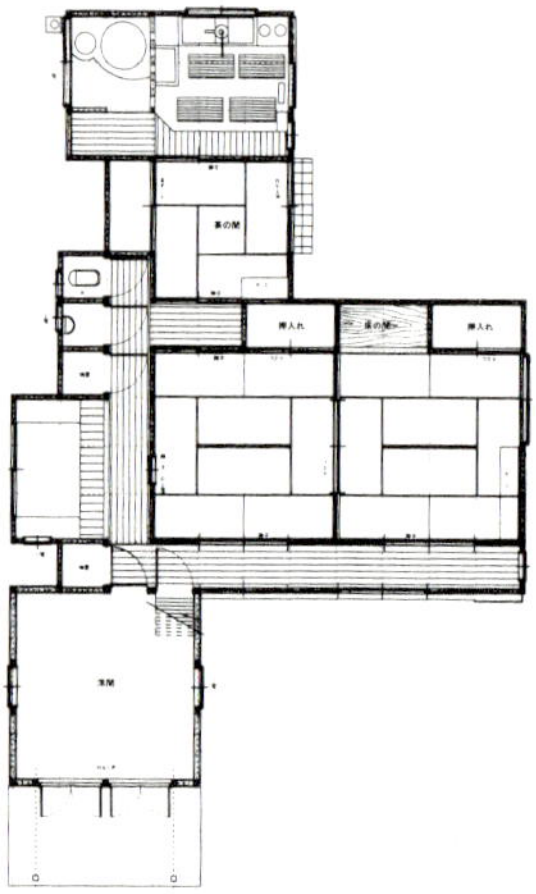

平面プラン 1

25ページの間取り図をもとに作成した平面図。このプランを下敷きにして次を検討しながら案を練り上げていった。

❶窓の大きさ、各部屋の位置、部屋の大きさなど、映画本編の映像と平面プランとでバランスは取れているか。

❷映画本編で描かれている外観と平面プランのバランスは取れているか。

❸昭和初期に建てられた民家にあてはまるか。

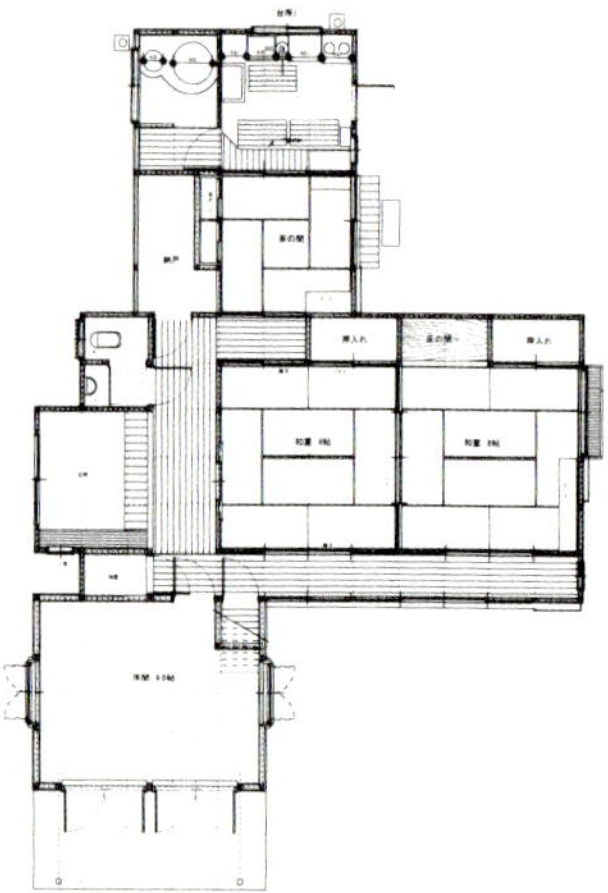

平面プラン 2

平面プラン1を検討し変更した部分。

● 窓の大きさや位置、便所、玄関、廊下の幅など、映画本編では空間構成が場面ごとに異なる点を整理した。

● 映画本編では玄関のすぐ横はトイレなので物入れを取りやめた。

● 映画本編に合わせ洋館南側の窓を大きく取るため、洋館の部屋自体を大きくして、窓も大きくした。

● 屋根の形を合わせるために、茶の間の西側に納戸を追加した。

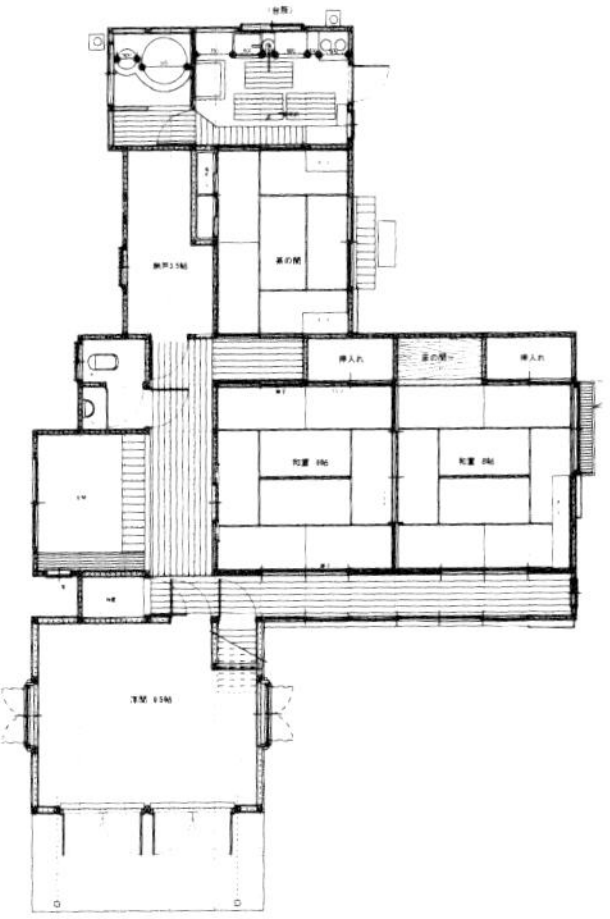

平面プラン3

平面プラン2を検討し変更した部分。
●炊事場の幅が狭く、炊事場のかまど、流し、井戸ポンプなどが並ばないので間口を若干広くし、奥行きは狭めた。
●茶の間は、映画本編ではシーンにより違うが6畳間にした。

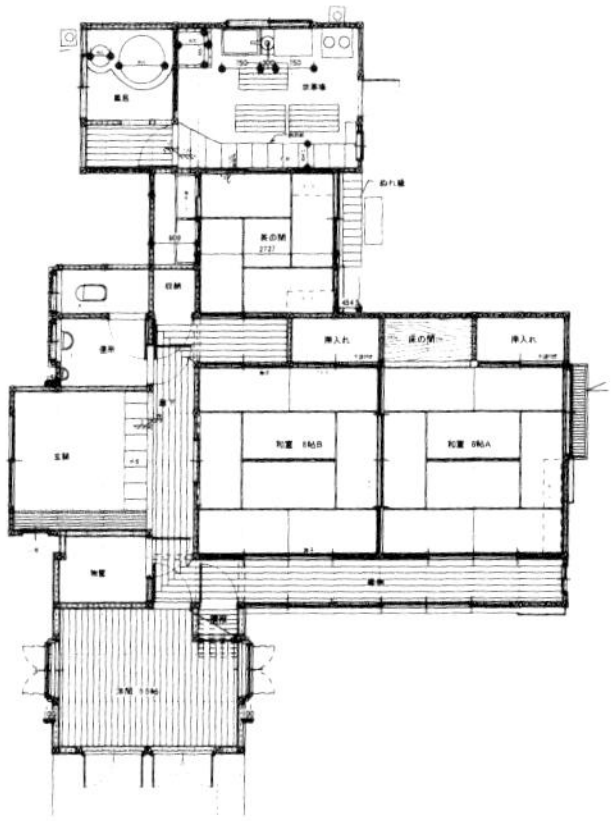

平面プラン4

平面プラン3を検討し変更した部分。
●炊事場を広げ、間口は2間、奥行きを1間半とした。
●6畳の茶の間を建物全体のバランスから4.5畳のほうがよいと判断し変更。
●和室の丸窓との関係で玄関の位置を北側に移動。
●当時、実在した洋館付き住宅と比較して洋間が大きすぎるので少し小さくした。
●映画本編で描かれている屋根の形状に近付けるため、便所を広くした。

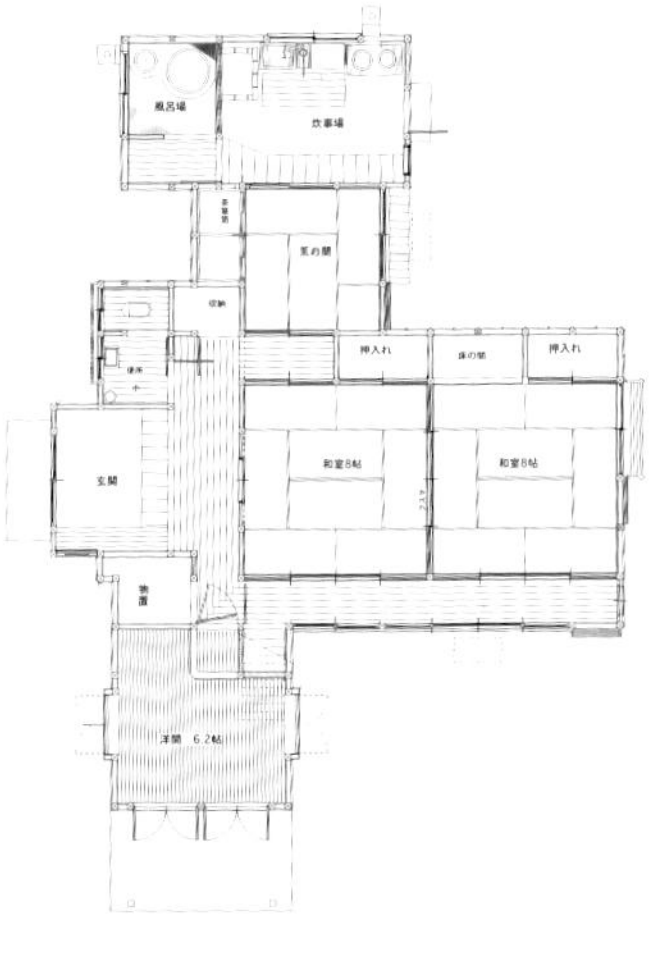

最終平面プラン

平面プラン4を検討し、当時の建物と比べて違和感があった部分を変更して、平面プランを確定した。
●洋館の形を正方形に近いものにした。
●便所の奥行きを改めた。
●玄関横の物入れは、屋根の納まりの関係で形状を変更した。
●玄関の土間の部分を小さくし、廊下の幅を広くした。

サツキとメイの家、建築中

読売新聞記者
中村紘子

2004年4月21日

大工と出会う

大工の中村武司さん(39)は昨年12月、自宅近くの寺で耐震工事をしていた。昼休みに携帯電話が鳴った。「サツキとメイの家」の計画が発表されてから約半月が過ぎていた。

「娘たちの家つくりでお世話になりました。スタジオジブリが家を建てる計画について、相談に乗っていただけませんか」

電話は博覧会協会催事グループ課長上田俊彦さん(41)からだった。

小学生が廃材や土壁を使って小さな家を建てる体験活動に昨年5月、上田さんは長女と参加した。そこで中村さんは小学生の指導をしていた。

計画を統括する三鷹の森ジブリ美術館館長の宮崎吾朗さん(37)から「大工さんが当時のやり方で建てたような、普通の木の家を建てたい」と聞いた上田さんが、真っ先に思い付いたのが中村さんだった。

大工の3代目。10年ほど前、日本の伝統的な「木組み」の家の奥深さを知り、大工仕事の面白さに目覚めた。木の家にこだわる全国の大工や工務店、建築士らのホームページ「職人がつくる木の家ネット」(http://kino-ie.net/)の発起人の一人でもある。

電話を受けた4日後、中村さんは吾朗さんと名古屋市内で初対面した。「映画のセットではない。一軒の家を最初から建てたい」という吾朗さんの話を聞き、「一人では無理ですが、仲間の大工と一緒なら、やれるかもしれません」と答えた。吾朗さんも会った途端に「この人にお願いしよう」と決めていた。

親方を引き受けた中村さんは、腕が確かな仕事仲間の増田拓史さん(34)に「墨付けをやってほしい」と頼んだ。柱などを削るために墨で線を付けるのは、現場を取り仕切る棟梁の役目。その仕事を任されたのだ。最初は驚いた増田さんも、いつしか「夢のような話」にのめり込んでいた。

年が明け、中村さんと増田さんは、木材を選ぶ作業に取りかかった。

「サツキとメイの家」が建てられる「愛・地球博」（愛知万博）会場の予定地。読売新聞社ヘリより。

「昭典木材」の峰野さん（左）とともに床柱を選ぶ吾朗さん（中央奥）ら。

2004年4月28日

理想の木材探し

映画「となりのトトロ」で描かれているサツキとメイ姉妹が住んだ家は、昭和の初め、東京近郊に建てられた一軒家という想定だ。計画を統括する宮崎吾朗さん(37)によると、「杉並区にあった宮崎駿監督が育った家に似ており、監督の原体験だ」という。

当時と同じ手法で家を建てるには、木材からこだわる必要がある。東京へ運び込まれた木材の産地や順路を調べたが、いろんな説があった。

そこで吾朗さんは、親方の中村武司さん(39)と相談し、「産地にとらわれず、映画の雰囲気を大切にした家を建てることに力を入れよう」と、地元の愛知県三河地方の木材を使うことにした。

棟梁の増田拓史さん(34)は、設計図から必要な木材の種類や長さ、本数などを拾い出す「木拾い」をした。4寸（約12センチ）角の杉柱120本、梁用の直径約20~30センチの丸太20本など、計450本に及ぶ一覧表ができた。中村さんは、それを同県鳳来町の製材会社「昭典《しょうてん》木材」に注文した。

吾朗さんらが3月に訪れたときは、地元の山で切り出され、製材された木が、高さ2メートルも積み上げられていた。割れや反りを防ぐため、長いものは1年半以上も自然乾燥されている。「きちんと乾かした木材を使えば、間違いなく丈夫な家が建ちます」と社長の峰野修さん(56)。

床の間に据える床柱は、その場で選んだ。樹齢約200年の杉が吾朗さんの目に止まった。長い年月でできた複雑な模様が気に入ったのだった。

木材はそろった。4月初めには、増田さんが「愛・地球博」（愛知万博）会場近くに借りた「刻み場」に運び込まれ、建前（棟上げ）の準備が始まった。

スタッフはひと息つく間もない。「次は瓦だ」。

2004年5月12日

昭和の瓦再現

屋根工事会社「亀島瓦店」は、日本一を誇る三州瓦の産地・愛知県高浜市にある。親方で常務の亀島富造さん(54)は今年2月、親方の中村武司さん(39)から、「愛・地球博」(愛知万博)会場に建てる「サツキとメイの家」の瓦ぶきの仕事を頼まれた。

早速、映画「となりのトトロ」のDVDと絵本を買い込んだ。瓦が描かれている場面を片っ端から探した。

サツキとメイ姉妹が、お父さんと引っ越してきた夜のシーンがある。日が暮れ、煙突から白い煙がたなびく一コマを見つけた。屋根瓦がアップで描かれていた。

「これだ」。亀島さんには、棟瓦や鬼瓦の形がひと目でわかった。設計図から枚数を割り出すと、瓦だけで2千枚が要ることがわかった。

昭和初期に建てられ、築後約25年という設定の家は、当然、屋根瓦も古い。当時は瓦も手作業でつくられ、形も均一でなかった。

亀島さんは、窯元「窓《まど》清《せい》」の神谷能広さん(62)に、瓦を焼いてもらうことにした。神谷さんは18歳から瓦づくり一筋の職人だ。古い寺の瓦の復元なども手がけてきた。

4月初め、計画を統括する宮崎吾朗さん(37)は「窓清」を訪れた。

「長い間、風雨にさらされ、瓦の表面がざらざらになっていて、角も少しだけ丸くなっているように見せたい」

そんな希望を聞いた神谷さんは、「きれいな瓦じゃ、いかんのだね。じゃあ、焼く前に軽くなでて、角に丸みを付けよう。古い色合いは、窯の温度の調節次第で出せるでしょう」と笑顔で言った。

願いが伝わった。吾朗さんにも自然と笑みが広がる。

神谷さんは試作品を焼いてみた。2度目の試作品ができあがったころは、5月に入っていた。建設現場では、基礎工事が進んでいた。

[上]瓦について話し合う吾朗さん（左端）と亀島さん（右端）。

2004年5月19日

地盤固め

栗石を並べて地盤固めの作業に取り組む植村さん。

「愛・地球博」(愛知万博)会場の「サツキとメイの家」建設現場では、「植村土建」の社長植村茂さん(53)が、基礎工事に取りかかっていた。

工法は昭和初期と今ではずいぶん違う。植村さんは、仕事仲間で親方の中村武司さん(39)と相談し、地盤を固めるため「栗石《ぐりいし》」と呼ばれる自然の石を使うことにした。川で掘り出される丸みのある石で、これを一つひとつ手で並べていくのが当時は一般的だった。

映画「となりのトトロ」で、チビトトロを追いかける妹のメイが、薄暗い縁の下をのぞき込むシーンがある。〈柱の下で、栗石がしっかりと家を支えているのだろう〉と、植村さんは考えたのだ。

今は手間や時間を省くため、山で採取される砕石を敷き、上から機械で圧力をかけて地盤を固める方法が主流だ。「最近は川の石も手に入りにくくなっているから、めったにやらないんだ」。そう言いながらも植村さんは、たまたま在庫があった近くの建材屋から4トントラックに2台分の栗石を仕入れ、5月7、8日に会場に運び込んだ。

「石はできるだけ縦にして、土にしっかりとかませるように並べろよ。高さもそろってくるからな」

植村さんは、若手社員の野沢和之さん(20)に声をかけ、深さ約35センチの溝に、5~15センチの楕円形の栗石を埋め込むように並べていった。

作業が終わった溝は、まるできれいな石の小道のようだ。近くで別の作業をしていた中村さんも、「ほう」と、手を止めて見入った。

栗石の次は砂利を入れて小さなすき間を埋め、鉄筋で耐震補強をし、コンクリートを流し込む。その上に土台を設け、柱が立つのだ。「昔の人は、のんびりやっとったんですねえ」と、植村さんは日焼けした顔でニッと笑った。

そのころ、棟梁の増田拓史さん(34)らは、会場から1キロ先で借りた「刻み場」で、木材を削る作業に打ち込んでいた。

2004年5月26日
木材に息吹

大工仕事を取り仕切る棟梁の増田拓史さん(34)は、「愛・地球博」(愛知万博)会場近くの「刻み場」で、木材に線引きをする「墨付け」を4月から始めた。そこから車で5分ほどの愛知県長久手町に一軒家を借り、泊まり込んでの作業だ。

墨汁をしみ込ませる真綿を詰めた「墨壺」と、竹でできたペン「墨刺《すみさし》」という昔ながらの大工道具を使う。

墨の付いた糸を墨壺から引き伸ばしてピンと張り、木材の上で糸をつまんで「ピシッ」と放す。これで真っすぐな線が引ける。細かいところは、直角の物差し「さしがね」をあて、墨刺で線や印を付けていく。気の抜けない、棟梁の大事な仕事だ。

名古屋工業大学を卒業して、大手住宅メーカーに勤めていた。コンピューターで住宅の設計図をつくるのが仕事だったが、次第に「建築主と直接話をして、自分で家を建てたい」という思いが強くなった。26歳で会社を辞め、工務店で大工修業をした。「大工が手づくりする家は、個性やばらつきがある。それでいいのではないか。『サツキとメイの家』の仕事は、昔の家つくりを知るいい機会だ」と、増田さんは考えている。

墨付け作業の傍らで、大工仲間の栓《くぎ》山《やま》邦弘さん(36)が、何種類ものカンナやノミを使いこなしていた。

棟梁が引いた線に添って、木を削り、角度を整えると、さまざまな形の組手や継ぎ手ができあがっていく。「大工仕事は経験の積み重ね。この仕事は夢があって気合が入るね」と栓山さん。

増田さんは、柱や梁などを組み立てる建前(棟上げ)の日を楽しみにしている。「全部が組みあがった瞬間、木材が意味のある柱や梁となって、〈家〉としての存在感が出てくる」。

そんなときが、間もなくやって来る。

6月に予定している建前の準備が着々と進む。でも、増田さんは新たな悩みごとを抱えていた。

木材に「墨付け」をする増田さん。

2004年6月2日

古さへの挑戦

「刻み場」には、液体が入った瓶や刷毛、カセットコンロ、鍋、ドライヤーなどが所狭しと並んでいた。棟梁の増田拓史さん（34）は、さまざまな色を塗った角材を前に、考え込んでいた。

映画「となりのトトロ」で描かれている家は、築後約25年という想定だ。柱や板壁は、雨風にさらされ、くすんだ色をしている。

姉妹が引っ越してくる冒頭のシーンでは、台所や屋根裏部屋は小さい黒い生き物「ススワタリ」でいっぱい。近所のおばあさんが「だあれもいない古い家にわいてー、そこらじゅう、ススとホコリだらけにしちゃうのよ」と教えてくれる。そんなお化けが住み着いてしまうくらい、古いのだ。

新しい木材で建てる「サツキとメイの家」では、外から見える柱や板壁には、あらかじめ古く見せる作業が必要だ。塗装などで年月を経たように見せる技術は「エイジング」と呼ばれる。大工はほとんどかかわらない専門家のような仕事を、増田さんは抱え込むことになった。

木材を古く見せる「エイジング」の実験に取り組む増田さん（左）ら。

今年2月ごろから、手探りで色付けの材料を集めた。木材用の着色剤や顔料のほか、京都からは染料、薬品関係の商社からは酸化作用の強い化学薬品まで20種類ほどを取り寄せた。角材に塗り、風合いを見る実験を何度も続けた。

さまざまな色に変化した角材を見比べ、増田さんは腕を組む。「まだまだ納得できない。長年かかって、木材が徐々に古ぼけていく自然の力には、かなわないなあ」。

5月になった。実験を重ねた結果、増田さんは、家の外側には、炭を焼く煙から抽出する「木酢《もくさく》」と鉄分を混ぜ、内側は、渋柿の実から取れる「柿渋《かきしぶ》」を使うことにした。どちらも防虫や防腐のため昔から使われてきた自然の素材で、日光にさらしたりすると、古びた感じに仕上がる。

計画を統括する宮崎吾朗さん（37）が5月末、刻み場を訪れた。見本を見た吾朗さんは「これでいいんじゃないですか」とうなずいた。増田さんは胸をなで下ろした。

「愛・地球博」（愛知万博）の建設現場では、土壁に使う「土」をこねる作業が進んでいた。

2004年6月9日

壁土をこねる

「愛・地球博」（愛知万博）の建設現場では、左官の坂井直幹さん(30)が、太ももの付け根まである長靴を履いて、半日近くも壁土をこねていた。

鋼板で囲った枠の中に２００リットルの水を入れ、くわで泥を掘り起こし、ひざまで埋まりながら土を踏みしめる。土に軟らかさ、つややかさが戻ってくる。「長い間寝かせれば寝かせるほど、土とワラがなじんで、丈夫で縮みや割れの少ない壁になるんだ」。坂井さんは黙々と足を動かし続けた。

壁土を足でこねる左官の坂井さん。

映画「となりのトトロ」に登場する「サツキとメイの家」は、竹や葦などで組んだ下地に、土を塗り付ける昔ながらの土壁でできている。

3月の安全祈願祭が終わって間もなく、坂井さんは現場に10トントラック1台分の土を運び込んだ。愛知県刈谷市の建材屋から仕入れた。地元の粘土質の土に、細かく砕いて砂状にした瓦と、古畳から取り出したワラを混ぜ、練り合わせてある。

土にビニールシートをかぶせて寝かせ、1か月に一度は水を加えてこねる作業を繰り返す。ワラが発酵して繊維質が土に混ぜ合わされると、強くて長持ちする壁土ができるのだ。

高校を卒業すると、迷わず父親と同じ左官の道を選んだ。父親が壁を塗る姿を見て、小さいころから「面白そうだ」と思っていた。

親元を離れ名古屋での住み込み修業を振り出しに、京都、東京で腕を磨き、昨年1月に故郷へ戻った。「完璧がなく、毎回発見のある仕事」だという。

親方の中村武司さん(39)は、知り合いの左官の親方から「若くてやる気がある左官が名古屋で独立した」と聞いた。〈こだわり〉を感じ、坂井さんに仕事を頼んだのだった。

映画で描かれている「漆喰《しっくい》」の壁は、長い年月で黒ずみ、ところどころはがれ落ちている。「新しい材料を使って古く見せるという仕事は難しいが、これも勉強。全体の雰囲気に合わせた壁を塗りたい」。そんな目標を、坂井さんは密かに抱く。

愛知県高浜市の窯元では、古い色合いを出した瓦が焼きあがっていた。

瓦が焼けた

2004年6月16日

温度計は436度を指していた。900枚の屋根瓦が入った大きな窯の火を止めてから、すでに丸一日。「サツキとメイの家」で使う約2千枚の瓦を焼く愛知県高浜市の窯元「窓清」では、最初の瓦を取り出す朝を迎えていた。

窯から出したばかりの瓦のでき栄えに満足そうな神谷さん。

400度を切らないと、窯の扉は開けられない。瓦が外気で急に冷え、ひびが入ってしまうからだ。「1時間に10度くらいしか下がらないから、開けるのは昼過ぎになるなあ」。社長の神谷能広さん(62)が温度計を見ながらつぶやいた。

映画「となりのトトロ」で姉妹が引っ越す築後約25年の家は、瓦も古びたように描かれている。

古い建物の瓦の復元経験もある神谷さんは、作業の流れを綿密に考えた。最初に約26時間かけて1150度で焼いた後、火を止めて冷まし、もう一度焼き直してから、窯を密閉して不完全燃焼させ、瓦の表面をいぶす。窯の扉を開けるまでは4日間。焼き直す温度や、いぶすタイミングで色は決まる。うまくいけば、銀色がくすんだような、黒っぽい色になるはずだ。

午後1時を過ぎ、窯が400度まで下がった。扉を30センチほど開けると、目も開けられないような猛烈な熱が吹き出す。

「色は、色は！」。神谷さんは、わずかなすき間に顔を近付け、窯の中を懐中電灯で照らした。「少し赤っぽい」。食い入るように見つめる表情に、不安がよぎった。

徐々に扉を開け、300度になったところで、数枚を取り出した。どれもくすんだ銀色をしている。ムラのでき具合も1枚ごと違う。「いいよ！ よかったあ」。神谷さんはパンと手をたたいた。

数日後、焼きあがった瓦は、「愛・地球博」(愛知万博)の建設現場に持ち込まれた。計画を統括する宮崎吾朗さん(37)は、「一生懸命焼いてくれたことが伝わってきます」と、感激した表情で見つめた。

「このムラが自然に見えるようにふいてください」。吾朗さんにこう言われた瓦ぶき親方の亀島富造さん(54)は、笑顔でうなずいた。

建設現場では、建前(棟上げ)の準備が整った。

2004年6月23日

いよいよ棟上げ

建前（棟上げ）のために、17人の若い大工が「愛・地球博」（愛知万博）会場に集まった。青空が広がる6月17日朝のことだ。

親方の中村武司さん(39)が、一人ひとりに濃紺のはんてんを手渡した。襟には「五月工務店」の文字。映画「となりのトトロ」の主人公、サツキとメイ姉妹の名前が「五月」を意味することから、計画を統括する宮崎吾朗さん(37)が名付けた。

家の柱や梁は、「木組み」という昔ながらの方法で組まれる。木材だけで組み、ボルトなどはできる限り使わない。

中村さんは、木造住宅について学ぶ「大工塾」（事務局・埼玉県狭山市）などの勉強会を通じて知り合った大工仲間を各地から呼び集めたのだった。その中には、信州大学時代に吾朗さんの先輩だった富沢博之さん(39)もいた。

作業は、棟梁の増田拓史さん(34)の「安全第一に」というあいさつで始まった。運び入れた木材には、「い、ろ、は……」のひらがなと数字を組み合わせた番号が、墨で付けられている。木材をどの場所に据えるかを示す印だ。

現場のあちこちから、木づちで柱をたたくカーン、カーンという音が響く。「木がしっかりかみ合っていくのが実感できる。いい音だ」と、富沢さん。

午前中で柱はほぼ建ち、午後からは、桁《けた》や梁《はり》が組まれた。太い松の梁の両端にロープを結び、「せーの」のかけ声で引っ張り上げる。「重いー！」。だれかが声を出すと、すぐに助っ人が入る。

梁は数人で息を合わせ、木づちでたたき、丁寧に組み込んでいく。「ゆっくりな」「もうあと2寸（約6センチ）！」。ぴったりとはまった。

「これが大工の腕の見せ所だね」と、組んだ梁を確かめる大工の今枝一さん(37)。「いい刻みだ」という声が増田さんにかかった。

17人の連帯感が強まっていた。

夕方には、家の間取りがわかるまで骨組みができた。2日目は上棟式に向け、作業に一段と気合が入る。

息を合わせて桁を組む大工たち。

骨組みができた家で行われたもちまき。

2004年6月30日
骨組みができた

建前（棟上げ）は2日目の朝を迎えていた。洋館の三角屋根の組み立てが始まった。

映画「となりのトトロ」で、宮崎駿監督が描いた家は、お父さんの書斎となる洋館と日本家屋がつながった間取りになっている。映画そのままの、急な傾斜の屋根が組みあがると、「サツキとメイの家」の骨格が見えてきた。

屋根のいちばん高い場所に「棟木《むなぎ》」を横に組むとほぼ完成する。計画を統括する宮崎吾朗さん(34)、棟梁の増田拓史さん(37)が、親方の中村武司さん(39)、大工の今枝一さん(37)らと一緒に木づちでたたいて組み込んだ。

午後からは、「縁桁《えんげた》」と「縁框《えんがまち》」を、縁側の上下に12人がかりで据え付けた。ガラス戸や雨戸をはめ込むための溝が丁寧に刻まれ、きれいに磨きあげてある。大工の栓山邦弘さん(37)は、「これを仕上げるのに5日もかかったんだ」と感慨深げだ。

3時過ぎから上棟式が始まった。約80人が建前の無事終了を祝った。「大工のみなさんの働きぶりに感心した。2日間、こんないい仕事を目の当たりにでき、うれしかった」と吾朗さん。

三角屋根に吾朗さんらがよじ登った。「もちまき」だ。つきたての紅白もちや菓子を屋根からまく。大人たちの歓声が飛び交った。「こんな体験は、子どものとき以来だね」。みんなの目が笑っていた。

日差しが和らいできた。参加者が集まり、中村さんが若い大工を紹介した。だれもが「木組み」の家にこだわり、腕には自信がある。でも、みんなの前であいさつする姿は、照れ臭そうだ。

吾朗さんもスタッフを順番に紹介した。「私と中村さんを引き合わせてくれた」と、博覧会協会催事グループ課長上田俊彦さん(41)を前に連れ出した。傍らで中村さんが言った。

「上田さんがいなかったら、ここにいる大工たちはいなかったわけです」

不思議な縁が、スタッフと大工を結び付けていた。

建設現場での作業の合間に、中村さんは古い窓ガラスを探していた。

2004年7月7日 窓ガラス探し

上棟式から1週間余りたった日曜日、親方の中村武司さん(39)は、名古屋市北区の取り壊し直前の空き家を訪れた。目当ては古い窓ガラスだ。

持ち主の山本紀子さん(75)によると、戦後間もない昭和22年ごろに建てられた家だという。20年ほど前から住まなくなったが、窓や玄関、部屋を仕切るガラス戸などは、当時のものが使われている。

「サツキとメイの家」は、昭和10年代に建てられたという想定だ。そのころのガラスは、筒状に吹いたものを切り開き、1枚ずつ板状にするなどの製法でつくられた。中に小さい気泡が入ったり、表面に波打ったようなゆがみがあったりする。人の影や外の風景も、ゆらゆらと映る。

今のガラスは、ゆがみがなく、厚さも均一だ。国内の主なガラスメーカーに問い合わせたが、昔の製法でつくっている工場は見つからなかった。

設計を担当している建築士の山田達也さん(41)は、設計図から必要なガラスの枚数を数えた。大小合わせて約260枚、割れたときの交換分を含めると、古いガラスが300~400枚は必要なことがわかった。

4月に入ると中村さんは、大工仲間らの情報を頼りに、取り壊す予定の建物を探し始めた。

古い民家や郵便局など約10軒からガラスを集めたが、まだまだ足りない。

空き家の中を物色していた中村さんが、玄関で立ち止まった。「この欄間のガラス、いいですね」。縦40センチ、幅170センチほどの欄間は、細い組子で4つに区切られ、4枚のガラスがはめ込まれている。

「昔の製法では、大きな板ガラスをつくれなかったから、組子を使ってうまく見せてあるんだ」

〈小学生のころ、野球部の練習中に木造校舎の窓ガラスをボールで割ってしまった。交換用ガラスがある部屋から同じサイズのものを持ち出し、自分で窓枠を外して取り換えた〉。こんな懐かしい記憶が中村さんに甦った。

山本さんからは、家を取り壊すとき、窓や戸のガラスを丸ごと譲り受けることになった。「これで目標の6割くらいは集まったかな」。中村さんはホッとした表情を見せた。

「愛・地球博」(愛知万博)の建設現場では、竹で土壁の下地を組む作業が始まった。

取り壊す予定の家で欄間のガラスに見入る中村さん。

2004年7月14日
土壁の下地

小舞かきの作業をする坂井さん。

建前（棟上げ）が終わった建設現場に、8つに割いた竹の束などが山積みされた。壁土を塗るためには、この竹を格子状に組んで、まずは下地をつくる必要がある。

下地を組みあげる作業は、「小舞《こまい》かき」と呼ばれる。柱や桁、鴨居などに、一定の間隔で穴を開けて、竹を縦横に渡し、重なる部分をワラ縄でしっかり巻き付けていく。

左官の坂井直幹さん(30)は、左手の指で縄を竹に押さえ付けながら、右手で縄を巻き付けるという作業を、慣れた手つきで繰り返す。「使う前の晩に、縄を水に浸しておくと、締まりが出て、編みやすくなるんだ」。

みるみるうちに、2、3センチ間隔にびっしりとそろった竹格子の下地ができていく。「そんなに力のいる仕事じゃないよ」と、坂井さんは言うが、できあがった下地は、竹と縄がしっかりとかみ合い、揺すろうとしても、びくともしない。

左官職人の会社から助っ人に駆けつけた沢田真彦さん(34)と増田允《まこと》さん(20)も、2人一組で同じ作業をしていた。「大事なのは、縄できちんと締めていくことかな。壁土を塗ったときに、重みで下地がずり下がるようなことのないようにね。下地がきちんとしていれば、表面が平らで、きれいに仕上がるんだ」と沢田さん。

小舞かきが終わった壁に、外から太陽の光が差し込む。美しい格子の影が床にできた。

壁土を塗ってしまえば、二度と見ることができない光景だ。現場を訪れる建築主は、必ずと言っていいほど、「きれいだ」と驚きの声を上げるという。

正午を過ぎ、暑さが増してきた。でも、格子の合間からは、ちょっぴり涼しい風が吹き抜けてくる。「今日は、まだ過ごしやすいよ」。坂井さんは、そう言って額の汗をぬぐった。

小舞かきは、10日間ほどかけて完成した。映画「となりのトトロ」で描かれている「サツキとメイの家」の土壁は、長い年月でところどころ汚れ、はがれ落ちている。坂井さんは間を置かずに、現場で寝かせていた土を下塗りする作業に入った。

呼吸を合わせて進められる壁の下塗り作業。

2004年7月21日

壁の下塗り

春から寝かされていた壁土が、一輪車やポンプを使って、どんどん「サツキとメイの家」の中に運び込まれていく。建設現場では、壁の下塗りが始まっていた。

ピカピカに磨きあげた壁土を塗る道具「鏝《こて》」と、壁土を載せる鏝板を持った4人の職人が、竹格子でできた下地に素早く土を塗り付けた。

左官の坂井直幹さん(30)、加村義信さん(37)、中山朝登さん(25)、秀辰則さん(21)だ。

ザクッ、ザクッと、壁土が豪快に下地に塗られていく。土が竹格子の間から裏側に押し出されるくらい、力を入れる。ふすま1枚分ほどの壁を塗り終えるころには、4人の額に玉の汗が噴き出た。

塗り手に壁土を渡すのにもコツが要る。下で構える左官の増田允さん(20)に向かって、脚立の上から中山さんが「はいっ」と、鏝板を差し出す。増田さんは魚を突く銛《もり》にそっくりな道具で土をすくい上げ、「はいっ」と鏝板に壁土を盛る。呼吸はぴったりだ。

「左官になったばかりのころ、銛で土を丸め、それをすくうと、持ち上げたときにポロポロ落ちないぞ、って先輩に言われたんです」と増田さん。ワラの繊維が溶け込んだ壁土は、粘り気がある。コツをつかめば、簡単に手渡せるようになるのだ。

秀さんは、下地の裏側に飛び出した土を、鏝でつぶして平らにする作業をしていた。「1週間くらい乾かしたら、今度は裏側を塗る。これはその準備なんだ」。

日が傾くころには、下塗りがほぼ終わった。このままでも雨や風はしのげそうだが、「まだまだ、これからたくさんの作業がある」と坂井さんは言う。

裏側を塗ったら、完全に乾くまで待って、もう一度塗り直し、最後は「漆喰」を塗って仕上げる。土壁が完成するには、冬までかかる。時間と根気が要るのだ。

映画「となりのトトロ」で描かれているような、古びた壁を再現する大仕事は、まだまだ始まったばかりだった。

少しずつ外観が見えてきた。瓦ぶきを前に、特製の鬼瓦ができあがった。

2004年7月28日

鬼瓦のデザイン

鬼瓦をつくり続けて50年という梶川亮治さん(66)は、仕事場で真剣に粘土と向き合っていた。

屋根の両端を飾る鬼瓦は、昔は専門の職人がつくっていた。今はプレス機で型抜きして大量生産もできるが、梶川さんは手づくりにこだわり続けている。瓦ぶき親方の亀島富造さん(54)は、梶川さんの腕を見込んで、真っ先に鬼瓦づくりを頼んだ。

「サツキとメイの家」の設計図や映画「となりのトトロ」で瓦が描かれているシーンから、亀島さんは、高さ9寸(約27センチ)、8寸(約24センチ)、7寸(約21センチ)の3種類の鬼瓦を計12個注文した。梶川さんが採用したデザインは、渦を巻く雲だった。

型紙を置いて2枚の粘土板を切り取り、中に空間ができるように張り合わせる。焼くときに火が十分に通り、割れないようにするためだ。

表面に粘土を盛り、さまざまなへらを使って雲の模様をつくる。立体的で飛び出すような、太い雲が渦を巻いた。「型で抜いたら、同じ太さになってしまう。手づくりのよさはここなんだ」と梶川さん。

鬼瓦の中央に入れる文字は、「家をつくる人の思い入れがあるものだから」と、計画を統括する宮崎吾朗さん(37)に考えてもらった。吾朗さんは、映画にちなんで、ひらがなの「と」の文字に決めた。

梶川さんはファクスで送られてきた文字を拡大コピーして型紙をつくり、粘土板の上に置いてへらで慎重に切り取った。その裏に粘土を溶いた糊を付け、鬼瓦にしっかりと張り付けた。「これでよし。家をつくる人や職人の気持ちで自由につくれるのが、鬼瓦の楽しさでもあるんですよ」。ひと仕事終えて、梶川さんの鋭いまなざしが和らいだ。

1週間ほどで乾いた12個の鬼瓦は、他の瓦と同じように古い色合いを出すため、窯元「窯清」で焼かれた。瓦の準備はこれで万全だ。

映画に登場する風呂場や台所のタイルや便器を手に入れるのは難しく、これらも焼くことになった。

「と」の文字が入った鬼瓦づくりに取り組む梶川さん。

焼きあがったタイルの表面を見つめる磯貝さん。

2004年8月4日

タイルを試作

60センチ角の小さな窯から、白と水色のタイルが2枚ずつ出てきた。愛知県高浜市の「辰己製陶所」で、磯貝明法さん(44)が、焼きあがったばかりのタイルを手に取り、じっと見つめていた。

映画「となりのトトロ」に登場するサツキとメイ姉妹の家は、風呂場や台所のかまど、流しがタイル張りだ。姉妹が真っ黒の生き物「ススワタリ」を追って風呂場をのぞき込むシーンでは、床や壁、浴槽に大小2種類のタイルが張られている。

高度な機械を使って生産する現代のタイルは、大きさが均一でしかも薄い。ところが当時のものは、厚みがあり、微妙に大きさが違ったり、角に丸みがあったりする。

設計を担当する建築士の山田達也さん(41)は、各地のタイル業者にそんな質感が出せるか問い合わせ、2.4センチ角の小さなタイルは、同県常滑市のメーカー「INAX」が、特別に焼くことになった。

問題は10・8センチ角の大きなタイルだった。工場で焼くのは難しく、山田さんは、屋根瓦を焼いた窯元「窯清」の紹介で、手づくりにこだわる磯貝さんに頼んだのだった。

磯貝さんは、材料の粘土やタイルの厚さ、釉薬《ゆうやく》の調合などを変え、数枚ずつを焼き比べた。注文通りの柔らかな色合いは出せたが、タイル表面のつやが課題だった。つやは釉薬の溶け具合で決まる。

この日、窯から取り出したタイルは、3回目の試作品だった。表面に透き通るようなつやがある部分と、そうでない部分がある。

「タイル全体に、こんなつやが出るといいのだが。今度は窯の温度を15度上げて1250度で焼こう。それで、たぶんいける」

次の試作品がうまく焼ければ、今月中にも、約200枚の製作を始める予定だ。

磯貝さんは同時に、小便器づくりもしている。山田さんがつくった型紙をもとに、粘土で形を整えた。乾燥させて素焼きし、絵師に絵付けをしてもらって、本焼きする。

「焼きあがりが予測できない。窯から出てきた瞬間の面白さがあるから続けられるんだ」

完璧な仕上がりを目指し、挑戦が続く。

特注はタイルや便器だけではない。風呂場に据える「風呂釜」づくりも進んでいた。

2004年8月11日 風呂釜を鋳造

「上がり湯」の釜をハンマーでたたき、砂を落とす堀田さん。

箱形の木枠をチェーンでつり上げると、真っ黒い砂にまみれて、直径約40センチ、深さ40センチの釜が出てきた。

全国有数の鋳物《いもの》の産地、三重県桑名市の「堀田鋳造《ちゅうぞう》」で、堀田始さん(67)は、「サツキとメイの家」の風呂場で使う釜づくりに取り組んでいた。

映画「となりのトトロ」では、引っ越してきた夜、薪で湯を沸かし、姉妹がお父さんと風呂に入るシーンがある。風呂は上から見ると、大きな浴槽の釜と、かまどの余熱を利用する小さな「上がり湯」の釜がヒョウタンのように並んでいる。

釜は溶かした鉄などを型に流し込んで仕上げる。浴槽の大きな釜（直径約80センチ）は、広島市の鋳物製造会社「大和重工」が今も生産していることがわかり、そこに発注した。

上がり湯の釜は、同社で製造するには小さすぎるため、同社名古屋営業所長の村田俊康さん(54)が、鋳物職人の堀田さんに協力を求めた。

堀田さんが、上がり湯の釜をつくるのは、40数年ぶりのことだ。記憶をたどりながら、木枠の内側に砂を詰めて、釜の外壁となる型をつくった。

釜の内壁となる型は、木枠の上に鉄棒で土台を組み立て、その周りに砂をくっつけ、山型に盛り上げてつくった。

2つの木枠を合わせ、そのすき間に溶けて真っ赤になった鉄を、ひしゃくで素早く流し込む。冷めるのを待って、木枠を外した。

釜を慎重にハンマーでたたき、中に詰まった砂を少しずつ落としていく。「あんまり強くたたきすぎると、鋳物の方が割れてしまうからね」と堀田さん。

「カーン」。お寺の釣り鐘のような澄んだ音が響いたとたん、砂の塊がごそりと抜け落ちた。

堀田さんが中をのぞき込んだ。「底までちゃんと鉄が回って、穴が空いていない。よかった」。

小さな鉄の玉がたくさん入った大きな乾燥機のような機械に釜を入れて磨くと、きれいなグレーの釜が誕生した。表面に触れると、鋳物独特のざらっとした肌合いがある。

「こんな昔の釜、ようつくれた。自分でも不思議に思うわ。つくってやろうという気合や闘志がないと、できない」と堀田さん。初めて笑顔がこぼれた。

「愛・地球博」（愛知万博）の建設現場では、真夏の暑さの中で、瓦ぶきが始まっていた。

2004年8月18日

父子で瓦ぶき

夏の日差しが容赦なく照り付けていた。瓦ぶき親方の亀島富造さん(54)と、長男の正人さん(23)親子は、「サツキとメイの家」の屋根で、黙々と瓦をふく作業を続けていた。2人とも日に焼けて真っ黒だ。

瓦の裏側や、瓦の束に置かれた茶色の紙には、アルファベットの記号が書かれている。焼きあがりが灰色で、ムラが少ない瓦は「A」、黒っぽいものは「B」、表面にはっきりとムラが出ているものは「C」と、3種類に分けられている。

「ムラや色の違いが、自然に見えるように」。計画を統括する宮崎吾朗さん(37)のそんな要望を受け、3種類の瓦をさまざまに組み合わせて並べる。

気を遣うのは、色だけではない。映画「となりのトトロ」に登場する築後約25年の家は、長い間雨風にさらされ、瓦がずれたり、屋根全体がたわんだりしている。

そんな雰囲気を少しでも出すため、亀島さんは瓦を重ねた際の「ずれ」を、あえて気にしないことにした。

瓦は1枚ごと、幅や曲線が微妙に違う。普段ならぴたりと合う瓦同士を重ねていくが、今回はこだわらない。「いつもなら、建築主さんに怒られてしまう。自然な古さを見せるというのは、難しいね」。

棟の部分は、土を盛って高さや角度を整え、その上に細長い瓦を何枚も重ねていく。土を盛る正人さんの表情は、真剣そのものだ。

夕立がやってきた。正人さんは「仕上がりが気になる」と、ぬれるのも構わず、ふき終わった棟をじっと見つめ続けた。

修業6年目。「とても父のようにはできない。その悔しさもある」と、仕事を覚えようと必死なのだ。「一人前になるのは、まだまだ先だよ」と言いながら、息子を見る亀島さんのまなざしは、何だかうれしそうだ。

雲の間から、再び夏の日がのぞき、ふいたばかりの瓦を照らした。「愛・地球博」(愛知万博)が開幕する翌年3月までには、もっと色もくすんで、家になじんでくるのだ。

「屋根のでき具合で、家のよしあしまで判断される。厳しさはあるが、そこがやりがいでもある。さて、もうちょっと頑張ろうか」。父親が息子に声をかけた。

瓦ぶきの作業は、7月から8月中旬までかかった。洋館の屋根はトタンぶきだ。

瓦をふく作業に取り組む亀島正人さん(右)と富造さん。

2004年8月25日
洋館の棟飾り

映画「となりのトトロ」に登場する「サツキとメイの家」には洋館がある。お父さんが書斎として使う部屋だ。その屋根は、トタンぶきで、てっぺんには、槍の先のような四角錐の「棟飾り」が描かれている。

鈑金《ばんきん》職人の大野昭一さん(55)は、親方の中村武司さん(39)から、トタンぶきや棟飾りづくりの仕事を頼まれた。

鈑金の仕事をこつこつと続けて40年。大野さんの右手は、中指と薬指の皮が分厚い。トタンを切るはさみを、この2本の指で支えるからだ。「鈑金屋になったばかりのころは、ひと月の間に、2、3回はまめをつぶしたね。痛いなと思っているうちに固くなった」と笑う。

大野さんは屋根のトタンぶきに先立って、自宅の仕事場で棟飾りをつくった。平らなトタン板を立体にするには、完成品を想定した「展開図」が必要だ。大野さんはこれも手書きする。

「父は、頭の中で立体をバラバラにして、また組み立てられる。展開図を書くときも、線に迷いがない」と、修業中の長男竜一さん(21)は言う。

展開図から型を取り、はさみで同じ形をした4枚の板を切り取った。鉄の棒の側面を当てたり、折り曲げる機械を使ったりして、同じ曲線や角を付ける。最後は、七輪でおこした炭火で鏝を熱し、はんだ棒を少しずつ溶かしながら4枚を張り合わせる。はんだが「ジュッ」という短い音を立てて、継ぎ目が固定されていく。

トタン板は、薄くて軟らかいが、できあがった棟飾りは、しっかりとしている。ゆがみがなく、見た目も美しい。まさに職人技だ。

8月中旬からは、洋館のトタンぶき作業も始まった。仕事場では、秋以降に取り付ける雨樋《あまどい》づくりも少しずつ進んでいる。これもすべてトタン製だ。「昔見たラッパ型の展開図から思いついた」という、六角形の複雑な形をした集水器（呼樋）もつくる。

「鈑金屋のプロに、珍しいものが付いているな、と思ってもらえるものをつくりたいんですよ」

穏やかな笑顔に、熱い思いが宿る。

家の勝手口の外と台所には、井戸がある。そこに設置する手こぎのポンプの準備も進んでいた。

洋館屋根の棟飾りをつくる大野さん。

2004年9月22日

手こぎポンプ

名古屋市中川区の運河沿いにある井戸ポンプ会社「東邦工業」は、昭和11年（1936年）の創業時から70年近くも手こぎのポンプを製造している。

映画「となりのトトロ」のサツキとメイが暮らした家には、勝手口の外と、台所の2か所に井戸がある。引っ越してきた姉妹が、ポンプをこいで水を汲み出し、大喜びするシーンが描かれている。

井戸ポンプを組み立てる溝口さん。

家の設計を担当する建築士の山田達也さん(41)は、インターネットで同社を知り、スタッフらと訪問した。社長の溝口喜公さん(51)は、「ポンプの基本的な形や構造は、当時からほとんど変わっていません」と説明しながら、山田さんらを工場に案内した。

円筒型の本体に、緩やかな曲線を描く大きなハンドルが付いたデザインは、映画に描かれているものとそっくりだ。ところが映画では、外井戸のポンプは赤茶色、台所のポンプは緑色をしている。

なぜなのか。山田さんは尋ねてみた。

「これはさび方の違いでしょう。ポンプの塗装は昔から緑色です。屋外のポンプは、冷たい井戸水で結露ができ、屋内よりも早くさびてしまうんですよ」と溝口さんが教えてくれた。

2台のポンプは、それぞれの部品ごとに鋳物工場でつくられ、8月中旬に同社に運び込まれた。溝口さんは、部品の細部を電動の削り機で磨き、組み立てて、でき具合を確かめた。ハンドルをこぐと、中のピストンが上下して「ガチャン」「ガチャン」と音を立てる。性能は万全だ。

しかし、さびた感じを出すのは難しい。

工場の外にある鉄製の階段に溝口さんは目を付けた。塗装し直して半年しかたっていないのに、薄く積もった工場の鉄粉がさびて、階段全体が赤く変色したように見える。

これをヒントに、ポンプにさびた鉄粉をブラシで付けてみると、さびが出たような雰囲気が出た。さらに塗装のところどころを削り取って、毎日水をかけ、自然にさびさせることにした。

「長年、ポンプをつくってきたメーカーとしての自負がある。スタッフのみなさんのこだわりに、こちらも応えたいんです」。仕事にかける熱い思いがにじみ出た。

「愛・地球博」（愛知万博）の建設現場では、使い込まれたような家に見せる作業が、本格的に始まった。

2004年10月13日
屋根にペンキ

鈑金職人の大野昭一さん(55)がふいた洋館のトタン屋根に、赤いペンキを塗る作業が行われていた。遠くから眺めると、木々の緑に、深紅色の三角屋根が鮮やかに映える。

赤く塗られた屋根に年代感を出す作業。

だが、近寄ると、トタンの継ぎ目が黒ずんで見える。「もう少し汚したら、上からもう1回、赤いペンキを塗るように」。展示用模型の製作会社「玄翁堂《げんのうどう》」(東京都三鷹市)取締役の田尻典夫さん(54)は、屋根を見上げながらスタッフに指示した。

映画「となりのトトロ」に登場する「サツキとメイの家」は、築後約25年の想定だ。洋館の屋根は赤さびが浮き、白い板壁はペンキがはげ落ちている。庭に面したつる棚の柱は、根元が腐って細くなり、グラグラしている。

ベテランスタッフの前川光男さん(57)らは、屋根の赤いペンキを昔のように刷毛で手塗りした。その後、茶色や黒色のペンキや、さびた鉄粉を吹き付け、汚れやさびが付いたようにする。ひと通り終えると、再び赤いペンキを塗って元に戻すという作業を何度も繰り返す。「一度だけでは、おもちゃのように見えてしまう。何層も重ねることで、厚みが増し、年数を経たように見えてくる」と田尻さん。

前川さんは「古く見せる方法も、自然の法則に沿ってやるものだ」と言う。傾斜のある屋根は、雨がやむと、上から乾いていく。下の方は、長い時間湿っているため、よりさびやすく、風で舞い上がった土ぼこりなどで汚れやすい。「家がどのようにして古くなっていくのか、考えながらやっていくことが大切」なのだ。

板壁は、板の端がめくれたように傷を付けた部分だけ白いペンキを塗らず、乾いたところで後から塗った。はげた所をペンキで修理したように見せるためだ。

大工が柿渋を塗ったり、バーナーで焼いたりして古びた感じを出した木材との調和にも気を遣っている。「訪れた人に気付かれないように、自然に見せるのが僕らの仕事。『特別なことがしてあったのか』と、後から驚かれるくらいが、ちょうどいいんです」。田尻さんのプロ意識である。

家の中では、風呂やかまどをつくる作業が行われていた。

2004年10月27日
レンガ風呂

レンガを積み上げた上に、大人が座り込めるほどの風呂釜が据えられた。河崎勇さん(62)は、慣れた手つきで、釜の周囲にさらにレンガを並べていく。

「サツキとメイの家」の建設現場では、大小の釜が並んだ風呂が、姿を現し始めていた。映画「となりのトトロ」で描かれている当時の風呂の内部は、レンガが使われていたのだ。

土壁を塗る左官の坂井直幹さん(30)は、京都での修業時代に河崎さんと出会った。左官仕事の合間に、風呂やかまどをつくっているという話を河崎さんから聞いたことを思い出し、京都から来てもらった。

河崎さんの仕事道具は、先が細い金づちと、鏝くらいだ。積む場所に合わせて、四角いレンガを金づちで軽くたたき、自由自在に割って形を整える。

「昔の職人は、このトンカチ一本で仕事したんですわ。包丁で豆腐やようかんを切っているようなもんや」と言うが、どのようにたたけばきれいに割れるかという感覚は、長年の経験でしか得られない。レンガも簡単に切れる電動カッターがあるが、めったに使わない。

風呂やかまどは、火を焚いたときの熱が効率よく釜を温め、より早くお湯が沸く仕組みになっている。そのためには熱と煙が一緒に焚き口から煙突へとうまく通り抜けることが必要だ。河崎さんは、熱が大きい方の釜の周囲を時計と反対回りにぐるりと一周した後、小さい方の釜の真下を通って、煙突へ抜けていくようにした。通り道のつくり方も、「経験しながらよい方法を見つけてきた」のだという。

レンガの風呂とかまどは、10日ほどで完成した。坂井さんや、家の設計を担当する山田達也さん(41)が見守るなか、試し焚きが行われた。

薪をくべて火をおこすと、煙突から白い煙がたなびいた。釜の半分くらいまで張った水は、20分もたたないうちに、手を入れると熱いほどになった。「でき具合上々」。河崎さんの表情が緩んだ。

家の中では、部屋の仕切りがわかるようになってきた。座敷のふすまの上に取り付ける、竹を使った欄間が発注された。

大小の風呂釜の周囲にレンガを積み上げる河崎さん。

2004年11月3日

黒光りした欄間

名古屋市緑区の「たけじん」で、社長の久野正男さん(67)と、親方の中村武司さん(39)らが、映画「となりのトトロ」のビデオを巻き戻しては画面をのぞき込んでいた。

夏の夜、蚊帳《かや》の中で、サツキとメイ姉妹が眠りにつくシーンだ。ふすまが取り外され、代わりに涼しげなすだれがかかっている。その上に、竹を組んだ欄間がある。縦に7本、横に3本。何度も見返して、組み方が決まった。

「たけじん」は、竹の建具や垣根などを手づくりしている。中村さんの父親の代からの取引先だ。

数日後、竹職人の漆畑昇さん(46)が、黙々と作業を続けていた。材料は、表面が黒っぽくてつやがあるクロチクを使う。

竹が十字に重なり合うところに小さな穴を開け、竹の切れ端を串のように細くした「竹クギ」を、金づちでたたいて差し込む。さらに、水につけて軟らかくした籐のつるを巻いて固定していく。

「いつもより細めの竹を選んだから、割れないように気を使いますよ」と漆畑さん。竹クギを何ミリ差し込むかも、「〝利く〟ところが感覚でわかるので、そこまで」。よりしっかり留まるように、割れる手前のぎりぎりの深さまで差し込む。

夕方、近くの竹林で竹を切り出していた久野さんが仕事場に戻ってきた。そのころには、発注を受けた2枚一組の欄間と、玄関の明かりとり窓の枠が完成していた。

「ひと昔前までは、この辺りも、鉄道の駅ごとに竹屋があったもんだ」。久野さんはこう話しながら、欄間のでき具合を確認した。「よし。ハタ(漆畑)さん、お茶にしようか」。

竹はかつて、さまざまな生活用品に姿を変え、日本の暮らしに取り入れられていた。戦後、プラスチック製品などに切り替わるにつれて、竹を扱う竹屋も、一軒、また一軒と姿を消した。

「最近は、どっかの大学が、竹の繊維で服をつくる試みをしている、といったニュースを聞く。そんな話は希望が膨らむね」。竹へ寄せる久野さんの思いは深い。

家の戸や窓枠といった木の建具も、着々と仕上げられていた。

欄間づくりに追われる漆畑さん(右)を見守る久野さん。

寸分たがわぬ建具

2004年12月1日

引き戸や窓枠づくりを引き受けたのは、名古屋市中区の堀川沿いに店を構える建具屋「村上商店」だ。

店の入り口から、大人ひとりがやっと通れるほどの細い通路を進み、木材が置かれた中庭を抜けると、2階建ての仕事場がある。作業台では、3人いる建具職人の最年長伊藤勝信さん(65)が、縁側に取り付けるガラス戸の枠を組み立てていた。

映画「となりのトトロ」の舞台となった昭和30年代は、今のような大きな板ガラスがつくれず、枠を障子のように格子状にして、何枚ものガラスをはめ込んだ。

伊藤さんが、組みかけた手をふと止めた。格子の一点をじっと見つめたまま動かない。「何か、気に入らないことがあるようだ」と、社長の村上和繁さん(40)がささやく。

一度ばらして、再び組み始めたところで村上さんが声をかけた。「ここのところがね」と言って、伊藤さんは考え込んだ。格子の縦枠と横枠が合わさる部分が1か所だけ、ほんの少しずれてしまうのだという。

ずれは1ミリにも満たないが、「建具はそれが命取り」と村上さん。わずかな狂いのために、合わせ目を全部直さなければならないときもある。

伊藤さんの悩みは、枠の一方に出たほぞ（突起）の位置を調整して解決した。手のひらに載るほどの小さなカンナで丁寧に仕上げた枠は、手仕事の精密さと、温かみがある。

建具の仕上がりについて話し合う村上さん（左）と伊藤さん。

トランプの「ダイヤ」のような菱形の枠が真ん中にはめ込まれた洋館の窓枠は、山下時男さん(58)がつくった。

「どうやって組むか、頭の中で考えて、板に書いてみる。この繰り返しで、3、4日は悩んだかな」

伊藤さんも山下さんも、建具づくり一筋のベテランだが、「うまくできたと思ったことなんか、一度もない」と山下さん。見た目の美しさと機能が勝負の世界だ。

村上商店では、こんなこだわりをもつ職人が、かつては30人近く働いていた。4代目の村上さんも、最初は建築士を志し、5年前に父親の明さん(69)から店を継いだ。「手仕事は確かに減っているが、遠くから注文もくる。昔ながらの建具のよさは、ずっと伝わっていくと思います」。

建設現場では、内部の仕上げ作業が行われていた。

2004年12月8日
磨き抜かれた床柱

床柱を見つめる栓山さん(右)と森さん。

床の間に太い床柱が据え付けられた。計画を統括する宮崎吾朗さん(37)が今春、愛知県鳳来町まで出向いて選んだ樹齢約200年の杉だ。

大工の栓山邦弘さん(37)が、丸太にカンナをかけ、削りあげた。電動の研磨機で一気に仕上げる案も出たが、栓山さんは、「カンナをかけたときの表面の光り方は、機械で磨いたときとはまったく違う」とこだわった。長い年月が自然に生み出した複雑な模様の流れに沿って、カンナをかける方向を少しずつ変え、丹精込めて仕上げたのだ。

映画「となりのトトロ」の冒頭では、引っ越してきたサツキとメイ姉妹が、広々とした座敷の真ん中で、ドングリを拾うシーンがある。うっすらと掛け軸の跡が残る床の間はごく簡素なつくりだ。

昔ながらの和室は、柱が垂直に立っているか、鴨居や長押《なげし》が水平か、天井板の間隔が一定かなど、でき栄えがすぐに見て取れるのだという。「床の間はその家の〈顔〉だからね」と栓山さん。大工の目と腕を試される場所なのだ。

床柱の次は、「床板」と横木の「床框」を組む。縁側のひさし、廊下、玄関を黙々と仕上げてきた大工仲間の森智則さん(23)が、床下に潜り込んで、床板を支える。

「えらいおおごとになっているな」と、茶の間で備え付けのたんすをつくっていた仲間の市川裕隆さん(32)も応援にきた。3人で息を合わせ、水平に、傷を付けないようにと、ゆっくりはめ込んでいく。「こんな具合でいいか」「この溝に素直に入ってくれれば……」。床板も床框も、きれいに収まった。

ひと息ついて、床柱を下から見上げる。晩秋の柔らかな日差しを受け、つややかに光っている。「木の節が、竜の目のように見える」と栓山さん。少し離れて眺めると、柱全体にうろこに似た線も浮かび上がって見える。

「天に昇っていく竜のようだ」。だれかがつぶやいた。「家を見にきた人が、床柱に触って、いろいろ想像してくれるとうれしいね」。栓山さんは満足そうな表情を見せた。

風呂場では、映画とそっくりのタイル張りの浴槽が姿を現した。

風呂にタイルを張る保母さん。

2004年12月22日
風呂にタイル

レンガを積んだ風呂は、タイルを張って仕上げる。タイル仕事40年余という職人の保母嘉郎さん(62)が、建設現場にやってきた。左官の坂井直幹さん(30)が、最初に住み込み修業をした名古屋の左官工事店を通じて依頼を受けた。

タイルは2種類。壁に張る大きい方は、「辰己製陶所」の磯貝明法さん(44)が、古い感じが出るように1枚ずつ焼いた。浴槽や床に使う小さい方は、大手メーカー「INAX」の特製だ。

保母さんは、大きなタイルの裏側に鏝でモルタルを塗り、壁に1枚ずつ張っていく。今はシートに何枚も張り付けたタイルを一度に張ることができるから、ほとんどやらなくなった作業だ。

大きな風呂釜と、小さな上がり湯の釜の縁は、ぐるりと円を描くように小さなタイルを並べた。

家の設計を担当する建築士の山田達也さん(41)が、横で図面をのぞき込む。手作業の雰囲気をどこまで出すか。山田さんは坂井さんと相談しながら、「少しふぞろいに」と注文を出した。

「縦と横の線をきちんとそろえて、完壁に仕上げるように指示される現場が多いから、曲げてと言われるのは、かえって難しい」と保母さん。どの程度、線をずらすか、職人の勘がさえる。

タイルとタイルの間の目地は、白いセメントで埋めていく。そのセメントも昔ながらの材料を用意した。「今は、自分で調合する必要がなくて、張った後にカビも付きにくい専用の材料が出てきている」という。

現場に入って5日目。風呂場やかまど、流しのタイル張りがすべて終わった。山田さんは、映画「となりのトトロ」のビデオや本を何度も見て、タイルの並びを調べた。「映画の雰囲気が出せたかな」。ヒョウタン型の浴槽を見つめ、安心の表情を浮かべる。

「手作業で考えることも多かった分、時間がかかったが、手間ひまかけることをいとわなかった昔を思い出した。懐かしいね」

保母さんの目が、うれしそうだった。「サツキとメイの家」の完成が近付いてきた。家に敷く畳づくりも急ピッチだ。

2004年12月29日

ワラの畳床

太い針で畳の縁を手縫いする浅見さん。息を止め、力を込める。

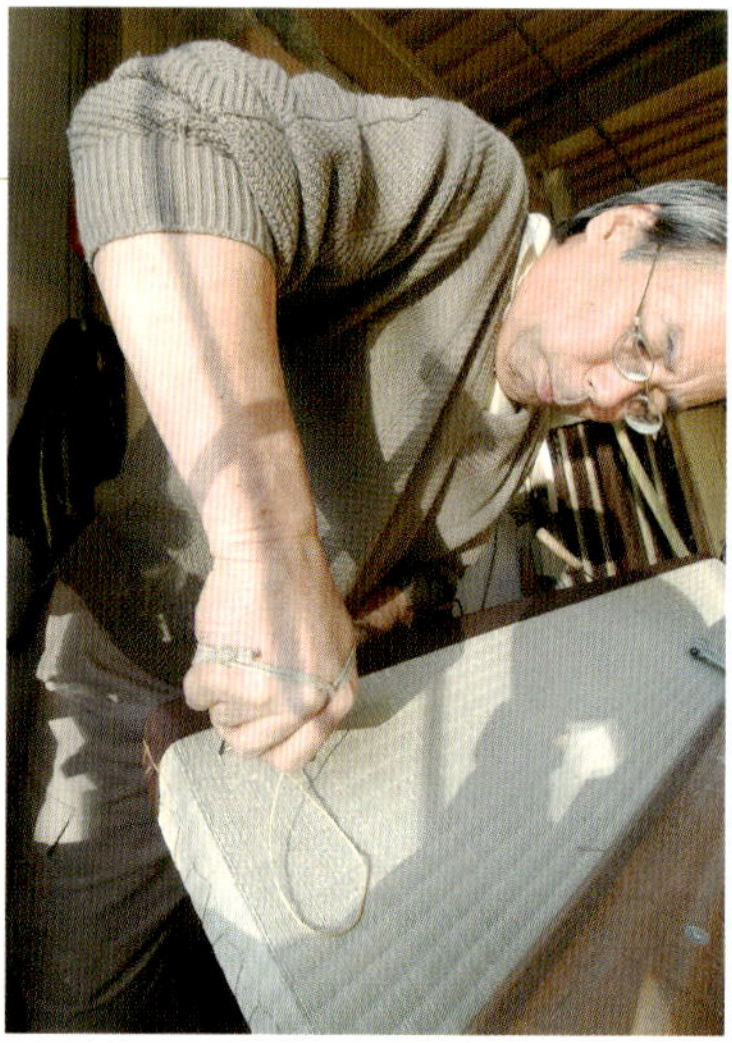

イグサの香が漂う名古屋市昭和区の「浅見畳店」。畳職人の浅見収さん(55)が、大きなミシンのような機械で、畳の縁《へり》に張る布を縫い付けていた。栗茶と呼ばれる昔ながらの色の木綿だ。

親方の中村武司さん(39)から畳の注文を受けた。畳屋の4代目。中村さんの父親の代から、仕事を引き受けている。

畳の側面は、手縫いで仕上げる。浅見さんは、長さ約15センチの太い針と、縫うときに滑りやすくするために菜種油を塗った糸を取り出した。

「畳は、角がきれいに〈立っている〉ことが一番大事」だという。敷いたときに、畳と畳とが段差やすき間がなく、ぴたりと合わさる。これが美しいのだ。

鉛の板が入った三角形のあて布を手のひらにあて、針を力いっぱい押して、ひと針ずつ縫っていく。小春日和の陽気で、浅見さんの額が汗ばんできた。

畳表は青々とした新品の色ではなく、少しあせている。築後約25年という想定の家の古びた感じに近付けようと、使う前に1か月余り陰干しした。

しかもずっしりと重い。畳床に、ワラをふんだんに使っているからだ。

映画「となりのトトロ」の舞台である昭和30年代は、畳床はワラでつくられていた。今は、刈り取ったワラを短く刻む稲刈り機が普及し、長いワラが手に入りにくくなった。その代わりに、軽い合成樹脂や、木材チップを入れ込んだ畳床が多くなった。「ワラの畳は、適度な硬さや、踏みしめたときのしなやかさ、自然の素材ならではの足触りがある」と中村さんは言う。

浅見さんは、高校を出て職人になってから新しい道具を買ったことがない。全部、父親から譲られたものだ。畳床を切るための四角い大きな包丁の刃は、研ぎ続けるうちに、角が取れて三角形になってしまった。

そんな包丁も、出番が減ってきた。今の住宅には、和室が少ない。畳そのものの需要が減っているという。

12月中旬、「サツキとメイの家」の8畳の座敷2間と4畳半の茶の間に畳が入った。「家を見にきた人に、畳の気持ちよさを知ってもらいたい」と浅見さん。スタッフらが畳の感触を楽しんでいた。

土壁に塗る白い「漆喰」が、建設現場に運び込まれた。左官仕事も仕上げの時期がきた。

2005年1月5日

壁仕上がった

土色の壁が、白く変わっていく。「漆喰」を塗って、壁を仕上げる作業が始まっていた。左官の坂井直幹さん(30)の表情が、一段と引き締まる。寒さも厳しさを増してきた。

夏から秋にかけて、竹格子の下地に壁土を塗って乾かし、その上からイグサを並べて壁土を塗り込んで補強した。さらに何重にも「中塗り」を繰り返してきた。壁によっては最初の下塗りから、漆喰仕上げまで、10回近く塗り重ねた場所もある。

日本の伝統的な塗り壁の材料である漆喰は、白い消石灰に、「スサ」と呼ぶ麻の細かい繊維などを混ぜて練る。「塗り方や塗る回数の違い、仕上げる日の天候や湿度に応じて、調合は変わってくる」。その加減は、熟練した職人にしかわからない。

応援に駆け付けた仕事仲間の斎藤剛史さん(37)が、漆喰を塗った壁全体を、均一できれいに整える作業に入った。鏝を上下や左右に動かすたびに手を止め、顔を壁に近付けて、表面をじっと見つめる。

左官仕事に魅せられ、28歳で設計事務所を辞め、一から修業を始めた。「自分なりに、力も入っているし、真剣なんですよ」。手つきは、丁寧で、リズム感がある。

塗りあがった壁に手を触れると、しっとりとして冷たいが、コンクリートにはない温かみがある。「混ぜたスサの表情が出て、白い色もいろいろに見えるんだ」と坂井さん。鏝をあてる回数が違うだけで、1枚ごと、乾く速さも違うのだという。

仕上げの最後、坂井さんは初めての実験をした。土を溶かした水をスポンジで壁に塗り、少し間を置いて、布でふき取る。白い壁が、うっすらと汚れた感じになった。古びた家の感じを出すために考えたのだという。

各部屋の壁の色合いをそろえるため、少し離れて全体を眺め、座り込んでは考え込み、また作業を続ける。

12月末、すべての壁が仕上がった。「ほっとしたぁ」。坂井さんに笑顔が戻った。

年明けには、すぐに次の現場が待っている。「楽しいし、飽きないよね」。照れたような表情の中で、瞳が輝いた。

家の完成は目前だ。映画「となりのトトロ」で描かれている洋館の屋根裏部屋が、ひと足先にできあがった。

壁の仕上げをする坂井さん（左）と斎藤さん。

完成した洋館の屋根裏部屋。

屋根裏部屋

2005年1月12日

縁側に続く廊下の途中に、ひと目見ただけでは気付かない〈秘密の板戸〉がある。

左右に渡した細い木を横へずらすと、戸が開く。屋根裏部屋へ上がる狭くて急な階段が現れた。

斜めに張った板に、踏み板を等間隔に付けていく昔ながらのつくりだ。「最近の家では滅多に見ない。初めての作業で新鮮だった」と大工の池山琢馬さん(36)。

階段ができると、映画「となりのトトロ」で階段の暗がりからドングリが落ちてくるシーンをまね、池山さんは上からいろいろなドングリを転がしてみた。「大きくて丸いドングリは、コン、コン、コンとうまく落ちたよ」とうれしそうだ。

屋根裏部屋は、静かで、窓から差し込む光だけが頼りの薄暗い空間だ。映画では、板張りの壁のすき間に妹のメイが指を突っ込んだ途端、真っ黒い生き物「ススワタリ」が一斉に飛び出すシーンがある。それとそっくりなすき間もできた。計画を統括する宮崎吾朗さん(37)が、棟梁の増田拓史さん(34)に頼んで、つくってもらった。

部屋の広さは幅3メートル、奥行き4メートルほど。洋館の三角屋根の内側だから、大人は天井に頭をぶつけてしまいそうだが、子どもなら、広々とした部屋に見えるだろう。

窓とがらり戸を開けると、「愛・地球博」(愛知万博)会場の森が広がる。「子どものころ、押し入れを隠れ家にして遊んだ。そんな気分になるね」と、大工仲間の坪内一雅さん(41)が笑った。

よく晴れた昼前、親方の中村武司さん(39)のもとで見習い中の海山耕大さん(19)が、屋根裏部屋をのぞき込んだ。

絵を描くのが好きで、高校は建築科を選んだが、「つくる方がいい」と卒業と同時に「サツキとメイの家」の現場に入った。建前(棟上げ)で重い木材を支えたり、座敷の押し入れづくりを任されたりしてきた。

屋根裏部屋は、気持ちのいい場所だと思う。「家を建てるって、生きている証しみたいだなあ」。海山さんがふとつぶやいて、はにかんだ。

家の窓枠に、古いガラスがはめ込まれていく。昭和30年代の雰囲気を出せるか、スタッフの期待と不安が募る。

2005年1月19日
縁側の窓ガラス

名古屋市中区のガラス工事店に勤める安江晴一郎さん(63)が、慣れた手つきで戸や窓枠にガラスをはめ込んでいく。

映画「となりのトトロ」で描かれている家と同じように、縁側の格子状のガラス戸、真ん中に縦長のガラスをはめ込む間仕切りの障子戸、すりガラスと透明ガラスが使われている茶の間の戸……と種類はさまざまだ。

「昔ながらの建具はうまくできていて、無理な力をかけなくても、枠の一部を上下、左右にずらしたり、外したりしてガラスを入れることができるんだ」と安江さん。ひと目見ただけではわからないところに、職人の技が生きている。

ガラスは、親方の中村武司さん(39)が、古い家などから集めてきた。仕事仲間の森和規さん(22)らと1枚ずつ丁寧に洗った。中に小さい気泡が入っているか、表面が波打っているかなどを見分け、安江さんにはより古く見えるものを使ってもらった。

1月中旬、計画を統括する宮崎吾朗さん(37)とスタッフらが現場を訪れた。縁側のガラス戸に、洋館の赤い三角屋根と白い壁がゆらゆらと映っていた。

縁側のガラスをはめ込む安江さん。

「こういう見え方、いいねえ」。スタッフが思わず声を上げる。「いいでしょう」と、中村さんや建築士の山田達也さん(41)も顔をほころばせた。

座敷に入った吾朗さんが、ふと足を止めた。窓から冬の日が差し込み、押し入れのふすまを照らしていた。「ほら、不思議な模様になってる」。ゆがみのあるガラスをすり抜けた光が、かげろうのような濃淡を見せていた。

家はいよいよ完成だ。「今の自分にできることは、やれたかな」と、棟梁の増田拓史さん(34)。最初から手伝ってきた北山一幸さん(38)は、「柱や梁一本の組み方でも、映画の家に近づけようと、みんなで悩んだころを思い出すよ」と振り返る。

吾朗さんが言った。「木材もガラスも、本物を使った家だから存在感がある。どこかで見た風景だなあ、と懐かしく思える雰囲気が詰まった家になった」。(了)

◎本文中の( )内の年齢は、すべて記事掲載当時のものです。

中村紘子《なかむらひろこ》
1973年生まれ。長野県出身。奈良女子大学文学部社会学科卒業。'97年読売新聞に入社。現在、読売新聞中部支社社会部記者。

建築の流れ

「サツキとメイの家」は、計画から竣工まで約1年半を費やして完成した。2003年7月ごろから2003年の12月にかけて、計画に携わるスタッフは資料調査や現存する昭和初期の民家を見て歩き、こうした家に暮らしている人への聞き取り調査を行っている。宮崎駿監督自身にも映画「となりのトトロ」の資料などをもとに、監督自身がどのような家をイメージしていたのか、細部にわたって聞き取りを行った。こうした取材、現存する資料などをもとに「サツキとメイの家」のプランが練り上げられ、建築工事が始まった。「サツキとメイの家」が起工する2004年3月9日から竣工となる2005年2月28日までの家づくりの流れを追ってみた。

3月9日
安全祈願祭

1 工事中の安全を願い、「サツキとメイの家」の建築工事が始まる。

3月15日
遣り方

2 整地された敷地に平面図をもとに建物の位置と、基準となる水平面を割付ける。

5月中旬〜
6月上旬
基礎工事

3 基礎の最下部に敷き込まれた砕石。
4 コンクリート型枠。
5 できあがった基礎。

「サツキとメイの家」の建築工事はおおまかに次のような流れになる。基礎工事→木工事→左官工事／屋根工事→建具工事→設備工事→完成。

基礎工事

遣《や》り方での割付けをもとに、建物と地盤を固定する家の土台をつくる。

木工事

木工事は、墨付け、刻み、建前（棟上げ）、小屋組み、造作工事などの一連の大工仕事を指し、家の主要

4月下旬～12月中旬
木工事
＊68ページに続く

6月上旬 足場設置

6 まもなく始まる建前に合わせて、組まれた足場。

―刻み―

7 墨付けの終わった木材を、墨の指示に従って鋸《のこぎり》、鑿《のみ》、鉋《かんな》などで工作する。

―建前（棟上げ）―
◆6月17日・18日

8

9

10

11

12

13

8～13 刻み終わった木材が搬入され、建前が始まる。柱が建ち、梁が架かり、屋根が組まれ、最後に棟木がのせられる。大工仕事の見せ場。

な骨格をつくる。

工事に先立って、棟梁は設計図面から必要な木材の種類や等級、断面、長さ、本数を割り出す「木拾い」をし、木材を発注。その後、棟梁は納品された木材のくせを見極めながら、一本ずつ木材の割り振りを決め、それぞれの部材に、切ったり削ったりする工作に必要な線を引く「墨付け」をする。その後、墨の指示に従って一つひとつ大工職人の手で「刻み」が施される。刻み終わった木材は、建前に合わせて現場に搬入される。

なお、工程上では墨付け、刻み作業の間に、建築現場で並行して基礎工事が行われ、建前に合わせて足場が組まれる。

現在、建前はクレーンで行われることが多いが、今回はクレーンが入れない場所のため、大工職人が1本1本力を合わせて木を組みあげた。棟が上がった後は、屋根をつくる作業に入る。屋根がかかると、細々とした造作工事が本格化する。

左官工事

木工事で屋根がかかり、建築中の家の内部に雨が入り込まなくなると、左官工事が始まる。

「サツキとメイの家」の左官工事は、昔ながらのつくり方による漆喰《しっくい》壁や、かまどの製作、風呂の製作、井戸の製作、玄関土間の仕上げ、炊事場の三和土《たたき》と多岐にわたる。

漆喰壁は、最初に竹を組んで竹小《たけこ》舞《まい》といわれる下地をつくる。この竹小舞下地に泥を塗り付けたのが荒壁。その後、何重にも中塗りを繰り返し、仕上げとなる。中塗りでは、亀裂防止用にワラを伏せ込んでいる。

かまど、風呂、井戸はレンガやブロックを積んで原形をつくり、モルタルで表面を整える。かまどと風呂はその後、タイルを張って仕上げている。

漆喰壁製作

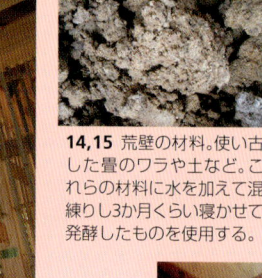

14,15 荒壁の材料。使い古した畳のワラや土など。これらの材料に水を加えて混練りし3か月くらい寝かせて発酵したものを使用する。

16 竹小舞下地。

かまど製作

22 レンガを積んで、かまどをつくる。
23 熱の通り道などの内部構造もレンガの組み合わせでつくり出す。

風呂製作

24,25 釜を設置し、薪で暖められた空気が釜の底から周囲を螺旋状に流れていくようにレンガを積み、形を整えていく。

26 モルタルで表面をならし、この後タイルを張って仕上げる。
27 試し焚き。水は隣接する炊事場の手押しポンプの口に竹筒をつけ引水する。

今回、風呂の製作はスタッフが頭を悩ませたもののひとつ。いくら昔の資料をあたってみても「サツキとメイの家」にあるような長州風呂の構造やつくり方がわからなかったからだ。しかし、この風呂をつくることができる職人が京都で見つかり、風呂は完成した。

17,18 荒壁塗り。竹小舞下地に泥を塗り付けていく。
19 荒壁と丸窓の部分は中塗り。
20 洋館は天井も漆喰。剥落防止の補強材として下げ苧《お》と呼ばれるワラをつり下げる。ワラが互いに交差するように配置しながら塗り込む。
21 補強用に塗りこまれたワラの形が見える中塗りの壁。

7月上旬～12月下旬
左官工事

―土間―

31 玄関土間のモルタル仕上げのポイントに那智黒石を置く。炊事場は三和土の土間。

―井戸製作―

28～30 コンクリートブロックを積んで井戸の形をつくり、表面をモルタルで整えて、仕上げ。

鈑金工事

35 トタン屋根（洋館）は鈑金職人がふく。
36,37 鈑金職人が製作した洋館の棟飾り。

瓦工事

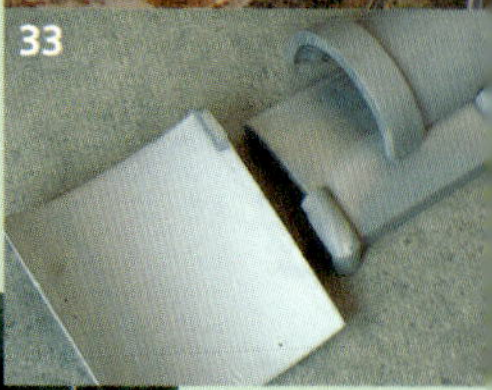

7月下旬～10月上旬
屋根工事

32 粘土層の土が瓦の材料となる。
33 焼きあがった瓦（瓦の製作は5月中旬から7月上旬にかけて）。
34 和館に瓦がふかれる。

38 まもなく洋館屋根の野地板が張り終わる。その後、防水加工が終了すると、内部の造作が始まる。
39 和室の細かい造作を現場で工作。
40 天井を打ち付ける下地材や、欄間が取り付けられる。

屋根工事

左官工事と並行して、屋外では和館の屋根に瓦、洋館の屋根にはトタンをふく作業が行われる。

和館の屋根にふかれる瓦は、この家のために特別に焼いたもの。色むらがあり、形も均一でなかった当時の瓦の再現を目指してつくったものだ。

洋館のトタンふきは、鈑金《ばんきん》職人の手による。和館と洋館の屋根が重なる部分は形が複雑で、鈑金職人が現場で考えながらふいた。

屋根がふかれると、樋を取り付ける。この家の樋はすべて鈑金職人がトタンを整形してつくった。

建具工事

家がほぼ完成に近付いたころ、建具が取り付けられる。建具はすべて、当時のつくり方でつくられている。

洋館の出窓の建具の桟は菱形のデザイン。このデザインでは桟が直角に交わらないため成形が難しく、建具職人が試行錯誤して仕上げた。

建具の取り付けとほぼ同時に、畳の敷き込みや照明器具が取り付けられ、2005年2月28日、建築工事が完了した。

12月中旬～2005年1月上旬 建具工事

43

42

44

あらかじめ採寸、製作していた建具を現場に搬入し、微調整する。調整が終わるとガラスをはめ込み、あらためて取り付ける。

42,43 洋館出窓の建具。
44 茶の間の建具。

12月中旬

45 畳の敷き込み。

4月下旬～12月中旬 木工事

＊65ページから続く

41 天井が張り終わると木工事はほぼ終了。

12月下旬

46 照明器具の取り付け。

47 まもなく完成。

構造模型。実際に木を組むのと同じようにつくり、無理のない木組みがどうか検討する。

時間と心をつなぐ家つくり

親方 **中村武司**

今回の私の役割は、大工さんの人選をしたり、ジブリや万博協会との折衝の結果を現場に伝えたり、職人さんの手配や材料の段取りなどを担当したりしました。広い意味での現場の環境づくりですね。

家は孫子の代まで住み継いでもらいたいという考え方で

私は「職人がつくる木の家ネット」や「大工塾」という大工のネットワークに参加しています。そこでは在来工法の中でも特に伝統工法と呼ばれるボルトなどの金物をほとんど使わず、日本の山の木を大工職人の手で一本一本心を込めて加工して組みあげて家を建てるという仕事をしています。今回「サツキとメイの家」の仕事を依頼されたのは、こうした、私たち職人の想いと「材料から工法に至るまで昭和初期のものを再現し、映画のセットでなく、当時建っていたであろう一軒の家を」というジブリスタッフの想いとがつながったからだと思います。

私たちが伝統的な工法で家を建てるのは、もちろん現在の一般的なつくり方をすべて否定しているからではなくて、昔から伝わる工法が合理的で木の特性を生かした長持ちする家つくりがされていると思うからです。ただ、そうした昔ながらの工法を守っていくこと自体を目的にしているわけではありません。伝統というのは、昔のつくり方を後生大事に守り続けることではなくて、過去の優れた技術を受け継ぎながらも、その時代その時代の職人たちが改良を重ね変化していくものだと思っています。

もっと言えば、永く住み続けてもらうのに都合がいいから、こういう工法を選択しているにすぎないと言ってもいい。いちばん大切なことは、家を使い捨てにせず、愛着を持って孫子の代まで住み継いでもらいたいという想いなんです。

現在の一般的な家つくりだと、工場で機械加工された部材を現場でアッという間に組み立ててしまうので、つくる過程が全然見えない。それに対して、職人がつくる場合だと現場の近くで材木を刻むところから住まい手は見ることができるんです。

私たち仲間の大工がつくる現場では、梁にオイルを塗ったり、土壁の下地を塗ったりと、職人でなくてもできる仕事を住まい手にやってもらうこともあります。そうやって家つくりに参加することで、その家への愛着が湧いてくる。特に、その家を受け継いでいく子どもにこそそういったことを体験してもらいたいです。今の日本の住宅の寿命は20~25年と言われていますが、それは住めない状態になるというわけじゃありません。家に愛着がないから、ガタがきたら補修もせずに壊して新しいものをという発想になるのだと思います。

若い職人たちが楽しんでつくる現場

今回、「サツキとメイの家」を建て

中村武司《なかむらたけし》

1965年生まれ。愛知県出身。名城大学建築学科を卒業後、祖父の代から続く実家の大工仕事を手伝いながら、修業をする。その間「日本建築セミナー」「高山建築学校」などで学び、大工と木造建築のあり方を見直す契機となる。ミニコミ誌「木の住まい」と出会い、そこを通して知り合った若い大工と各地で協働するようになり、さらに「大工塾」「木の家ネット」といった職人のつながりの中で技術の研鑽を積み重ねる。以後、ボルトなど金物を使わないで木を組む伝統的工法を中心に据えて、仕事をしている。

たのは20～30代の若い大工さんです。また家つくりに加わった左官屋さんや瓦屋さん、鈑金屋さんに建具屋さん……といった職人さんも若いか、もしくは親子でやっているところに仕事をお願いしました。もちろん、昔の工法でつくるのだから技と経験が豊富な年輩の方に依頼するというのもひとつの選択肢でしたが、今回の仕事を将来に活かすことのできる若い人に加わってもらいたいと考えたんです。

そして若い職人にお願いしたことで、家つくりにとっても、よい結果をもたらしました。

今回の仕事は、単に昔の家を建てるというだけでなく、映画「となりのトトロ」の中に出てくる「サツキとメイの家」という特殊な家を建てなければならなかったので、大工の常識に反するようなことも多々要求されました。

これはあくまで推測ですが、もしこの仕事を従来の枠組みや、社会組織の中でつくっていたとしたら、家をわざと古く見せる色付け加工（エイジング）をはじめジブリ側からの「おやっ？」と思うような様々な注文にここまで柔軟に対応することはできなかったと思います。経験があればあるほど常識に反することへの拒否反応は強くなりますから。もちろん、今回の若い大工にも不満はあったでしょうが、比較的抵抗なく、場合によっては面白がって積極的にのめり込めたのは、いい意味で常識にとらわれていなかったからだと思います。

今回に限らずいい家を建てるには、実際に手を動かす職人の経験も大切ですが、彼らが楽しんで仕事に没頭できるかどうかが、とても大切なんです。

「サツキとメイの家」の無理と大工の苦悩

正直に言って今回の家のつくりは、大工の立場から見ると納まり（間取りや部材の組合せにおける美観や機能面の仕上がり具合）がいいとは言えません。もちろんそれは、設計や大工の腕に問題があったという意味ではなくて、同じような洋館付きの日本家屋の補修に行くといつも思うことなんですが、やはり無理やりくっつけたという感じですね。

日本家屋に洋館の応接間をひとつ付けるというのは昭和初期には多く、施主からの要望や流行だったんでしょうが、西洋建築についてよく知らない昔ながらの大工さんが、よく言えば臨機応変に、悪く言えば見よう見まねで建てたということが多かったようです。心の中では「これをやると住宅の寿命を縮めてしまうだろうなぁ」と思いながら建てるということもあったのだろうと思います。

そう考えると、今回の「サツキとメイの家」は、いろいろな難しい制約の中で建てなければならないという苦悩まで含めて、昔の大工と今の大工の想いを時を越えてしっかりと再現できたってことですね。

（談）

墨壺。墨付けで材木に直線を引くための道具。

万博後の移築した後を考えてのエイジング

棟梁 増田拓史

役割

私は家を建てる仕事がしたかったので、大学を卒業して、まず住宅会社に勤めました。でも会社では、自分のパートが終わると他の部署に流れていって、それっきり。施主が建った家に対してどういう感想を持ったのかもわからない。だから、家を建てているという実感を持てませんでした。

そんな思いもあって3年で会社を辞め、もっと直接的に家つくりにかかわれる大工になりました。大工だったら建てる過程も、その後も、施主さんとずっと家を見ていられますから。大工は一人前になったと親方に認められるまでに5年くらいかかるんですが、私は一刻も早く自分で家を建てたくて3年で独立してしまいました。

そして今回の「サツキとメイの家」では棟梁をやらせてもらいましたが、自分はまだ34歳なので親方みたいな顔をするのは早すぎるんです。

独立以来これまで5年間で3軒の新築の家を手がけましたが、今回の現場は全然勝手が違いました。一般的な住宅はだいたい2~3人で建てるんですが、今回の「サツキとメイの家」は昭和初期の工法で建てるといった条件もあって7~8人で建てたので、棟梁として、他の大工の段取りで手一杯でした。だから棟梁の仕事である墨付け(木材を切ったり削ったりする箇所に工作用の印を付ける作業)以外で自分自身の手を動かすことはほとんどありませんでしたね。

段取りというのは、たとえば下駄箱や押し入れといった、設計を担当した建築士の山田達也さんの図面より、もう一段階具体的な図面とその材料を事前に準備しておいて、それぞれの大工の作業がスムーズに流れるようにするといったようなことです。

内と外のつながる場所、縁側のエイジング

今回、特に苦労したのは、なんといっても人工的に家を古く見せるエイジングです。薬品や染色を持ってきていろいろやってみたんですが、本当に時間がたって古くなったものとは、微妙ですがやはり違うんです。

私が「サツキとメイの家」で特に気に入っているのは縁側なんですが、実は縁側がエイジング的にも最も難しかったところです。「サツキとメイの家」を訪れた人は、きっと縁側に腰掛けて、床に手を付いてくつろぐと思います。「あー、万博って疲れるね」って(笑)。つまり縁側って、すごく人と直にふれる部分なんです。だから間近に見られてもバレないようにしなくちゃならない(笑)。

さらに、内部と外部ではエイジングの色の付け方が違うんですが、縁側は外部と内部が重なり合う場所なので、その〝つなぎ〟が難しいんです。当たり前なんですが、家って中

増田拓史
ますだたくし

1970年生まれ、京都府出身。名古屋工業大学を卒業後、住宅会社に就職するが、そこでの仕事にあきたらず、大工の修業を始め、3年で独立。今回の仕事で親方を務めた中村武司さんとは「大工塾」の1期生同士として出会う。「大工塾」とは、木造住宅をトータルにとらえることを目指し、どのような木造住宅をつくっていくべきなのかを学ぶ会。ここでの経験を基盤に、仕事をしている。二級建築士。

も外も一軒丸ごとつながっているんですよね。その象徴的な場所が縁側なんです。

大工としてはしたくなかったエイジング

大工として言えば、そもそもエイジングはしたくないんです。これは他の大工もみんなそう思っています。

でも、映画の中の「サツキとメイの家」をイメージするジブリ側としては、やっぱり古く見せたいという話で……。エイジングについては、ジブリと大工との間で板挟みになって結構苦しかった（笑）。

大工はみんな白木の美しさを知っているから、「あとから古く加工するよ」って言ってるのに、大工の常だと思うのですが、ぴんぴんに仕上げるんですよ（笑）。そして、いざエイジングをするとき言うんです。「これで見納めか。写真撮っとこう」って（笑）。彼らの言い分としては、完璧に仕上げたものを古くするのはかまわないけれど、最初から適当に仕上げるなんて、とてもじゃないけど耐えられないわけです。そもそも、ジブリからの依頼が「セットではなく、まっとうな住宅をつくってほしい」というものだったし、そのために筋の通った大工を選んだわけですから、そんな皮肉が出るのは、人選がうまくいった証明でもあるんですけど。

柱が呼吸するのを妨げない塗料

エイジングのマイナス面は、後から加工していることがわかったら訪れた人ががっかりしてしまうとか、白木の美しさが失われるということだけじゃないんです。

エイジングの塗装にもいろいろあって一概にダメとは言えないのですが、それはある意味で木を殺してしまうことなんです。木は切った後も表面の細かい穴から呼吸していて、塗装でその穴がふさがれてしまうと木のよさがそこで失われてしまう。だから、大工はみんな「エイジング」をするにしても、本当に古くなったときに悪影響を残すようなことだけは絶対にしたくない」と思っていました。

そんなわけで、今回のエイジングでは取れやすい塗料を使いました。半年間の万博の会期中、約14万人がこの小さな建物を訪れる予定です。たぶん映画のサツキとメイみたいに、子どもたちが家中を走り回って、あちこちさわりまくるでしょう？　だから、私がやったエイジングも、すぐ取れて本物に置き換わっちゃうんじゃないかと期待してるんです（笑）。今回のエイジングは、会期の初めの方にきてくれた人に古い感じを楽しんでもらって、実際に古びるまでのつなぎになればいいなぁと思っています。

繰り返しになりますが、私たち大工は「サツキとメイの家」を展示品としてつくっていません。あの家は、万博が終わって移築した後、誰かが住んだとき本当の意味を持つんです。

（談）

濡れ縁から茶の間を見る。

「我が家」を建てる気持ちで取り組んだ家

建築・外構デザイン――北嶋明子

北嶋明子《きたじまあきこ》

1972年福井県生まれ。名古屋造形芸術短期大学でランドスケープデザインを専攻。卒業後、（株）森緑地設計事務所に勤務。退職後、'98年、三鷹の森ジブリ美術館の開館準備スタッフに。現在、三鷹の森ジブリ美術館で建築デザイン、施設管理を担当。

私の役割は建築についてのスタジオジブリの窓口でした。具体的には、制作の宮崎（吾朗）をはじめとしたジブリ側の意向を、設計を担当した山田（達也）さんや現場の大工さんに伝えるという仕事です。

以前、三鷹の森ジブリ美術館を建てる際もこのような仕事を担当しました。今回の家は、その美術館に比べてかなりこじんまりとした規模だったのですが、作業は思いのほか大変でした。伝統的な木造建築を建てるうえでの流儀に対応する必要があったからです。

はじめに、設計を担当した山田さんと一緒に東京在住の伝統工法に詳しい年配の大工さんに話を聞いたり、当時の建物を見学したりしながら、案を練っていきました。しかし、できあがった図面を見せても、この現場で初めて出会う大工さんたちは、そう簡単にはうなずいてはくれませんでした。古さを演出するエイジングをするか否かから、材料の寸法、細工にいたるまで、彼らの考えやこだわりに照らして納得できないところを、ジブリの意図として理解してもらうところから始めなければなりませんでした。

やり取りの多くは山田さんにお願いしたのですが、日中外で働いている大工さんたちの合間を縫っての打合せは、かなりの回数と時間をかけていただいたようです。山田さんにも説明しきれないジブリ独特の発想や、映画「となりのトトロ」との兼ね合いでどうしても譲れないところは、直接大工さんと話し合いました。「草壁一家」は引っ越しをしてくるわけだから、家そのものは当然それ以前に建てられたもの。前の持ち主はどんな人だったのか？　……この一風変わった家は建てた人の個性の表れでありそれが家の「格」になると考えたのですが、皆が映画を見て受けた印象がそれぞれ違うようで（笑）、少しずつですが理解を得ることを続けていきました。

現場が動き出してからの大きな成果は、大工さん以外の職人さんの出入りも多いなかで、時にはいやな思いをしながらも、職人さん同士が日々の作業の中でお互いを尊重し、信頼関係を築いていったという側面ですね。これが圧倒的でした。それぞれが妥協をしないで一つひとつ議論を積み重ねて、信頼関係を築いた。そこから生まれたものが、確実にこの家の魅力になっていると思います。

あと今回、親方の中村（武司）さんと材料選びに足を運んだり、多くの職人さんに引き合わせてもらうために出かけて行ったりしたことが、個人的には貴重な体験でした。そうした作業をしたせいか、本来の持ち主になり代わり図々しくも建設中はずっと「我が家」をつくっている気持ちでいました。床柱を選び、障子の桟の数まで決められるんですからね（笑）。でも、多分私だけでなく、この気持ちは関係者みんな同じなんでしょうね。きっと。（談）

「ちょっと前まで、日本人はこんなふうに暮らしていたんだ」を思い出すきっかけに

演示デザイン　**安西香月**

茶の間の演示品の一部。部屋ごとに演示品を並べてみて、違和感はないか、足りないものはないか考えながら補っていく。

演示という仕事の中味――「近くて遠い時代」の再現方法

「サツキとメイの家」を建てるにあたっての仕事は、家そのものの建築と、その家の中にサツキやメイが生活したかのようにものを配置する演示という仕事の大きく二つに分かれます。私は演示を担当しました。

まず、集めなければいけないものを映画を参考にリストアップしていったのですが、実は映画に登場するものだけでは家はスカスカになってしまいます。たとえば、映画では下駄箱の中は映りませんが、見にきてくれた人がふと引き戸を開けてみて、もし中に何も入っていなかったら、一気にリアリティがなくなってしまいますよね。だから、映画に登場していなくても映画の設定である昭和30年代当時の日常生活に必要なものを、スタッフみんなで思い出したり、想定して、補っていきました。下駄箱だったら、「普段使いの下駄のほかに、新聞紙に包まれたよそ行きの草履があったはず」「そうそう、そうだった」といった感じですね。

もちろん、根拠のない想定や思い出でなんでも置いていいというわけではなくて、映画の設定である昭和30年代に合わせる必要があります。でも昭和30年代という時代は、その時代の物に骨董的価値が出るほど時間がたってない上に人々の記憶にはあまり残っていない「近くて遠い時代」なので、時代考証がとても難しい。今回の演示では、美術館や博物館のディスプレイなどを請け負っている乃村工藝社に手伝ってもらったのですが、なかでも佐佐木豊さんという方にとてもお世話になりました。たとえば、手洗いの水洗ボールひとつとっても、このメーカーのこのマークは、もう少し後の時代のものだとか、当時の生活や物についてとても詳しい人なんです。

このキャラクターだったら、こういうものを使うという目線

集めるものは、時代だけではなく「お父さんの靴は25センチで少し地味目」といった具合に、映画の登場人物のキャラクターにも合わせなければなりません。サツキ、メイ、お父さん、そしてお母さん、それぞれの人物像を膨らませて、ちょっとした小物からパジャマの色まで、すべてをそのキャラクターに合わせて決めていきました。「サツキとメイの家」の生みの親である宮崎駿監督や「となりのトトロ」の美術監督だった男鹿和雄さんが、「あそこの家の子どもは行儀がいいから、家具にシールは貼らないですね」なんていうおしゃべりをしていて、そうしたことも参考になりました。二人とも知り合いの家のことを話すみたいな感じで普通に話す(笑)。頭の中に草壁家は実在しているんですね。

ものを選び揃える基準にはこうし

安西香月
あんさいかつき

1965年、石川県生まれ。金沢美術工芸大学卒業後、日立製作所に入社し工業デザイナーとして仕事をする。その後、フリーになり、'99年より三鷹の森ジブリ美術館の開館準備スタッフに。現在、三鷹の森ジブリ美術館の企画・展示のディレクションを担当。

た「草壁家らしさ」と先に話した「昭和30年代」という二つの方向性があるのですが、それが衝突することもありました。ひとつ例を挙げると、昭和30年代はフラフープが流行っていた時期で、見にきてくれた人が時代を喚起するにはいいアイテムなのですが、一方で「お母さんの病気で東京から引っ越してきた家族は、フラフープは持ってこないだろう」という草壁家らしさという基準もある。結局、議論を重ねた結果、置かないことに決めました。草壁家らしさと時代性の兼ね合いを関係者みんなが共有するのは、言葉にできない感覚なので、スタッフ間で理解し合うのがなかなか大変でした。

「サツキとメイの家」を訪れた人の記憶の扉をあける鍵

　当時のものを実際に探してみて意外だったのは、ごく普通の生活用品がなかなか見つからなかったことです。たとえば鏡。立派な鏡台などは骨董品として流通しているので手に入りやすいのですが、ざっくり四角く切って「〇〇商店」なんて書いてある普段使いの壁掛け鏡は、なかなか手に入らない。個人でもわざわざとっておかないし、骨董品にもならないですからね。地方の古い家の蔵を漁ったりして（笑）、手に入れました。

　でも、そういった何気ないものが、大事だと思うんです。お風呂場に脱衣かごを置いてみたのですが、どうもしっくりこない。そんなとき誰かが「そういえば、デパートなんかの包装紙がかごの底に敷いてなかったっけ？」と言い出した。いざ敷いてみると一気にリアリティが出てきました。

　こんなふうに「サツキとメイの家」は、この仕事にかかわった人たちが自分の家や親戚の家で体験したことが、ちょっとずつ混ざっている「記憶の家」なのだと思います。そして、懐かしい一つひとつのものが、あの家を訪れた人の記憶の扉を開く鍵になると思っています。もちろん、建築物としての家そのものはとても大事ですが、いったん中に入ると、たとえば脱衣かごの包装紙のような些細なものが、建物に匹敵するくらい、人の記憶を引き出す力を発揮すると思います。

　この家は、単に映画「となりのトトロ」を追体験してもらうためではなくて、むしろ本当の目的は、映画の設定である昭和30年代の暮らしを〝感じてもらうこと〟にあるといってもいいかもしれません。

　当時は、暑かったら窓を全開にして風をいれるとか、お風呂を焚くために、子どもたちが薪をくべてお湯を沸かす仕事をしたというふうに、実際の目に見えるかたちで暮らしが営まれていた。そうした暮らしの感覚を人間はどんどん忘れていって、いまや思い出す機会もない。「昔の方がよかった」と言うつもりはありませんが、「ちょっと前までは、日本人はこんなふうに暮らしていたんだ」ということを思い出すお手伝いがこの家でできればうれしいです。（談）

映画「となりのトトロ」
宮崎駿監督のイメージボードより

図面集

建物の内外各部の仕上げ方法の一覧表

*内部仕様

階	部屋名	床	巾木	壁	天　井	備　　考
1	玄関	モルタル仕上げ （那智石入り）		土塗り壁の上 漆喰仕上げ 一部洗い出し仕上げ （大磯）	杉杢板張り 竿縁天井	造り付け下駄箱　（杉） 式台　（ヒノキ） 玄関框　　（ヒノキ）
1	廊下	縁甲板張り ヒノキ　15mm	雑巾摺	土塗り壁の上 漆喰仕上げ	杉杢板張り 竿縁天井	
1	和室8帖Ａ	畳敷き	畳寄せ	土塗り壁の上 漆喰仕上げ	杉杢板張り 竿縁天井	二重回り縁
1	和室8帖Ｂ	畳敷き	畳寄せ	土塗り壁の上 漆喰仕上げ	杉杢板張り 竿縁天井	二重回り縁
1	縁側	縁甲板張り ヒノキ　15mm	雑巾摺	土塗り壁の上 漆喰仕上げ	化粧野地板 化粧タルキ	
1	茶の間	畳敷き	畳寄せ	土塗り壁の上 漆喰仕上げ	杉杢板張り 竿縁天井	造り付け茶箪笥 ぬれ縁　（ヒノキ）
1	収納	杉板張り	雑巾摺	土塗り壁の上 漆喰仕上げ	小屋裏あらわし	
1	炊事場	たたき土間 （三和土）		土塗り壁の上 漆喰仕上げ 一部杉板張り	化粧野地板あらわし	式台（杉）　下部　収納付き
1	風呂場	タイル　（108角） 浴槽立ちあがり部分は モザイクタイル張り	タイル	土塗り壁の上　漆喰仕上げ 一部タイル（108角） だんご張り	サワラ板張り 竿縁（竹）天井	
1	便所（大）	板張り　（ヒノキ）	巾木 H =45	土塗り壁の上 漆喰仕上げ	天井あらわし （化粧野地板）	
1	便所（小）	板張り　（ヒノキ）	巾木 H =45	土塗り壁の上 漆喰仕上げ	杉杢板張り 竿縁天井	
1	洋間	フローリング（乱尺） ナラ　18mm	巾木 H =90	土塗り壁の上 漆喰仕上げ	土塗り壁の上 漆喰仕上げ	回り縁 （ジャバラ　漆喰仕上げ）
1	物置	杉板張り	雑巾摺	土塗り壁の上 漆喰仕上げ	杉板張り 一部小屋裏あらわし	
1	押入れＡ	杉板張り	雑巾摺	土塗り壁の上 漆喰仕上げ	杉板張り	中段棚 枕棚
1	押入れＢ	杉板張り	雑巾摺	土塗り壁の上 漆喰仕上げ	杉板張り	中段棚 天袋
1～2	階段	杉	側桁	土塗り壁の上 漆喰仕上げ	土塗り壁の上 漆喰仕上げ	階段手すり　（杉）
2	屋根裏	杉板張り		土塗り壁の上 漆喰仕上げ 一部　腰板（杉）	土塗り壁の上 漆喰仕上げ	天井レリーフは漆喰にて製作

01　仕上表

＊外部仕様

基　　　礎	*独立基礎　　（石製及びコンクリート製）一部コンクリート製布基礎
屋　　　根	*和瓦　　六四版
	*洋館部分屋根　　金属板葺き　（亜鉛鉄板）　（OP仕上げ）
雨　　　樋	*鋼板製（亜鉛鉄板）　　（軒樋75、竪樋60）　　（OP仕上げ）
外　　　壁	*竹小舞壁の上　土壁塗り　（両面塗り、厚70以上）　漆喰仕上げ
	一部木製板張り（杉）　下見板張り（ささら子下見板張り　炊事場・風呂場外壁は縦張り）
	*洋館部分　　南京下見板張り（杉）　　（OP仕上げ）
軒　　　裏	*母屋部分　　化粧垂木、化粧野地板あらわし
	*洋館部分　　板張り（杉）　（OP仕上げ）
破　　　風	*杉板　　（洋館部分）　（OP仕上げ）
面　格　子	*鉄製（製作）勝手口ドア用　　（OP仕上げ）
	*木製面格子　（杉）（便所面格子）

*設備仕様

便　所	*大便器　　汲み取り用　陶器製　　木製フタ付き
	*小便器　　陶器製　（製作）
台　所	*カマド　　現場製作　　タイル張り
	*流し　　現場製作　　タイル張り
	*ポンプ　手動タイプ　（浅井戸用手押しポンプ　台付タイプ　T35D）
	*煙突　　石綿製　（火の粉飛散防止網付き　2.5mm以下　2箇所）
風呂場	*現場にて製作　（レンガ及び耐火レンガ下地）
	*風呂釜　　長州風呂釜　　（鋳物製　フック付）
	*上がり湯釜　　丸型　（鋳物製）
	*タイル　　108角　及　びモザイクタイル　（特注）　だんご張り
	*煙突　　石綿製　（火の粉飛散防止網付き　2.5mm以下　2箇所）
	*床排水一箇所　　鋳物製ふた付き（250角　格子）

木材が使われる部分とその材種の一覧表

（洋館部分）	
巾木	杉　90×30
階段	段板－杉　厚＝40　側桁－杉　40×240　けこみ板－杉
階段手すり	杉　105×45
手すり	2階　杉 縦90×90　横90×105
破風板	杉　厚＝30
窓枠	杉
ドア枠	杉
床板	1階　ナラ　フローリング　（乱尺）　厚＝18　巾＝65　2階　杉板　厚＝30　巾＝135
軒裏	杉
腰板	杉
外壁	杉　南京下見板張り　厚＝12
回り縁	ジャバラ　（漆喰左官仕上げ）

＊野物材

大引	ヒノキ　105×105
根太	ヒノキ　60×60　畳部分－@303　板の間－@303
床束	ヒノキ　105×105
野縁	杉　45×45
荒床	杉　厚＝12
小屋束	杉　105×105
小屋梁	松丸太
垂木	縁側—45×45(杉)　母屋—54×54(杉)　炊事場—60×60(ヒノキ)　洋館—45×45(ヒノキ)
母屋	杉　105×105
棟木	杉　105×105
隅木	杉　105×120
梁	杉
野地板	杉　厚＝12
胴縁	杉
貫	杉　105×18
瓦桟	杉　30×30
戸袋胴縁	杉
戸袋板	杉
戸袋底板	杉

02 木材仕様書

＊化粧材

（和館部分）	
柱	和室柱　杉　上小節　（4寸柱）120 × 120
	茶の間柱　杉　特一等　（4寸柱）120 × 120
	廊下、縁側柱　杉　特一等　（4寸柱）120 × 120
	台所　杉　特一等　（4寸柱）120 × 120
	風呂場　杉　特一等　（4寸柱）120 × 120
	その他　杉　特一等　（4寸柱）120 × 120
土台	ヒノキ　特一等　（4寸柱）120 × 120
框（縁側）	杉　上小節　4寸×5.5寸 120 × 165
縁桁（縁側）	杉みがき丸太　末口180Φ
化粧垂木	杉　縁側　40×30　母屋　54×54
化粧野地板	杉
広小舞	杉
瓦座/淀	杉
外壁	杉　下見板張り　（ささら子下見板張り）　炊事場・風呂場外壁は縦張り
鴨居	杉　45×120
付け鴨居	杉　45×30
敷居	ヒノキ　（レールは真鍮製）45×120
長押	杉　96×45
雑巾摺	杉　15×30
畳寄せ	ヒノキ　30×45
縁甲板	ヒノキ　厚＝15
窓敷居	杉　45×120　（レール部分は真鍮製）
式台	玄関　－　ヒノキ　40×240　炊事場　－　杉　40×240
玄関框	ヒノキ　180×120
巾木	杉
天井板	和室、廊下　－　杉杢板　竿縁　杉　30×27
	風呂場　－　サワラ　竿縁　竹
	炊事場、縁側　－ 杉　化粧野地板あらわし
回り縁	杉
床の間　仕様	
床柱	杉丸太
床板	杉　30×450
床框	杉　120×105
落し掛け	杉　55×90
天井	杉　竿縁天井

間取りや建具、設備の位置・寸法のわかる基本となる図面

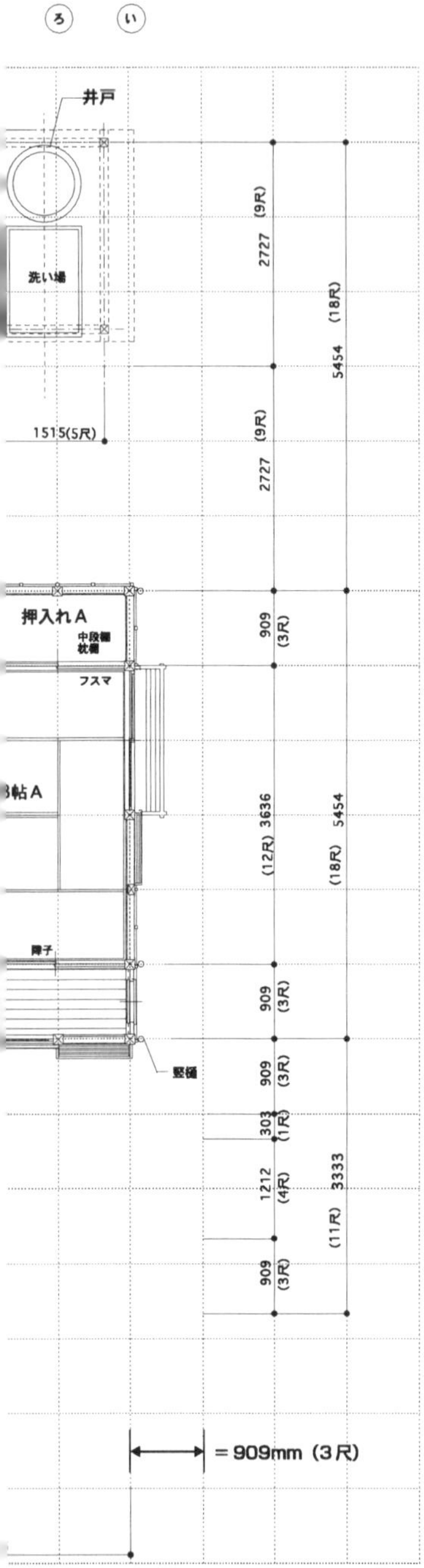

面積表				
	サツキとメイの家		井戸小屋	
建築面積	94.28 ㎡	28.52 坪	3.44 ㎡	1.04坪
1階床面積	94.28 ㎡	28.52 坪	3.44 ㎡	1.04坪
2階床面積	14.13 ㎡	4.27 坪		
延床面積	108.41㎡	32.79 坪	3.44 ㎡	1.04坪

この図面集では、メートル法と併せ、建築現場で使われている尺貫法の寸法をカッコ内に表示している。

03

1階平面図

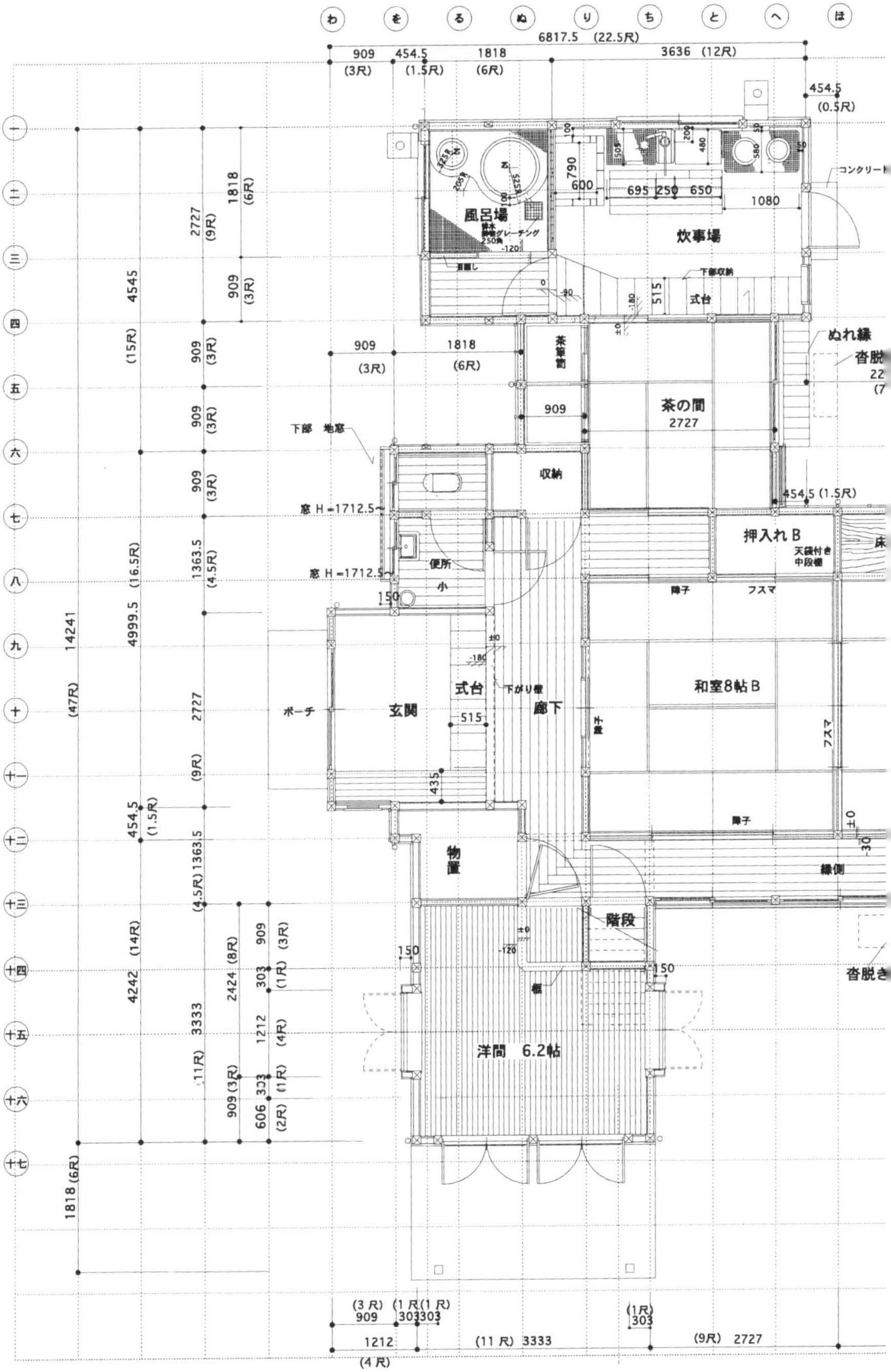

わ
を
る
ぬ
り
ち
と
へ
ほ
6817.5 (22.5尺)
909 (3尺)
454.5 (1.5尺)
1818 (6尺)
3636 (12尺)
454.5 (0.5尺)
一
二
三
四
五
六
七
八
九
十
十一
十二
十三
十四
十五
十六
十七
風呂場
炊事場
790
600
695
250
650
1080
515
式台
下部収納
茶室前
茶の間
2727
909
ぬれ縁
沓脱
収納
下部 地窓
窓 H=1712.5～
便所
小
150
押入れB
天袋付き
中段棚
障子
フスマ
和室8帖B
ポーチ
玄関
式台
515
435
下がり壁
廊下
物置
縁側
階段
洋間 6.2帖
框
沓脱ぎ
1818
909
4545
(15尺)
2727
(9尺)
1363.5
(4.5尺)
4999.5
(16.5尺)
14241
(47尺)
454.5
(1.5尺)
4242
(14尺)
3333
(11尺)
2424 (8尺)
303 (1尺)
1212 (4尺)
606 (2尺)
1818 (6尺)
(3尺) 909
(1尺)(1尺) 303 303
1212 (4尺)
(11尺) 3333
(1尺) 303
(9尺) 2727

1階平面図と同じく、2階の間取りを見る図面

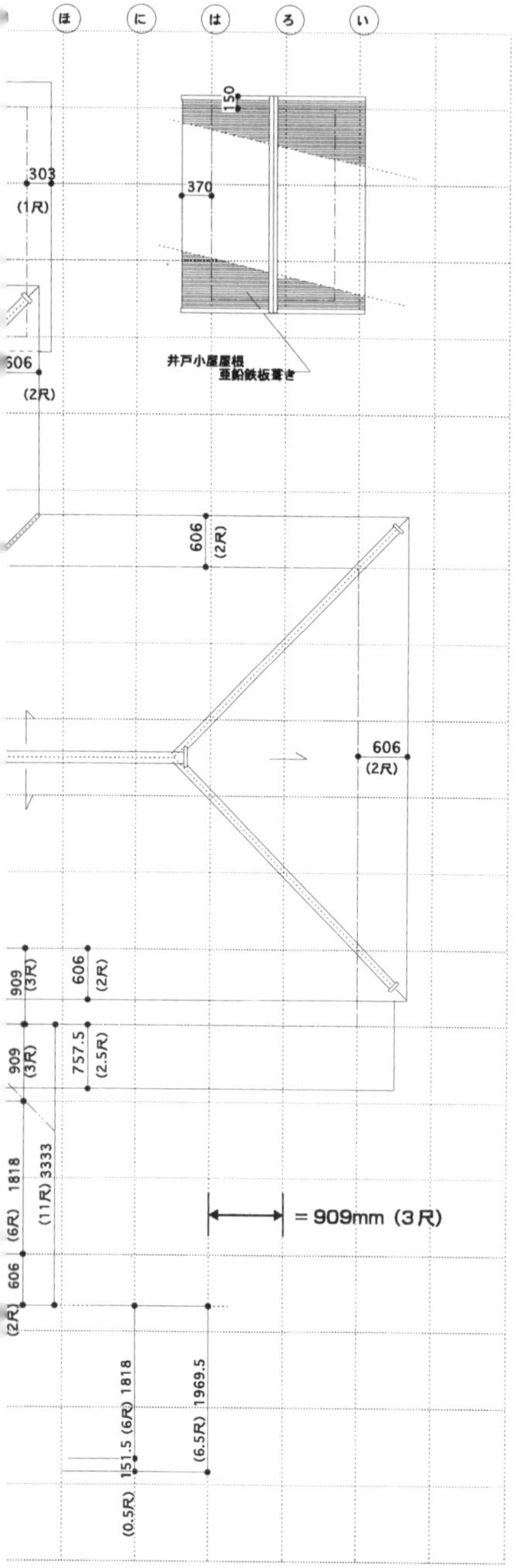

04 2階平面図

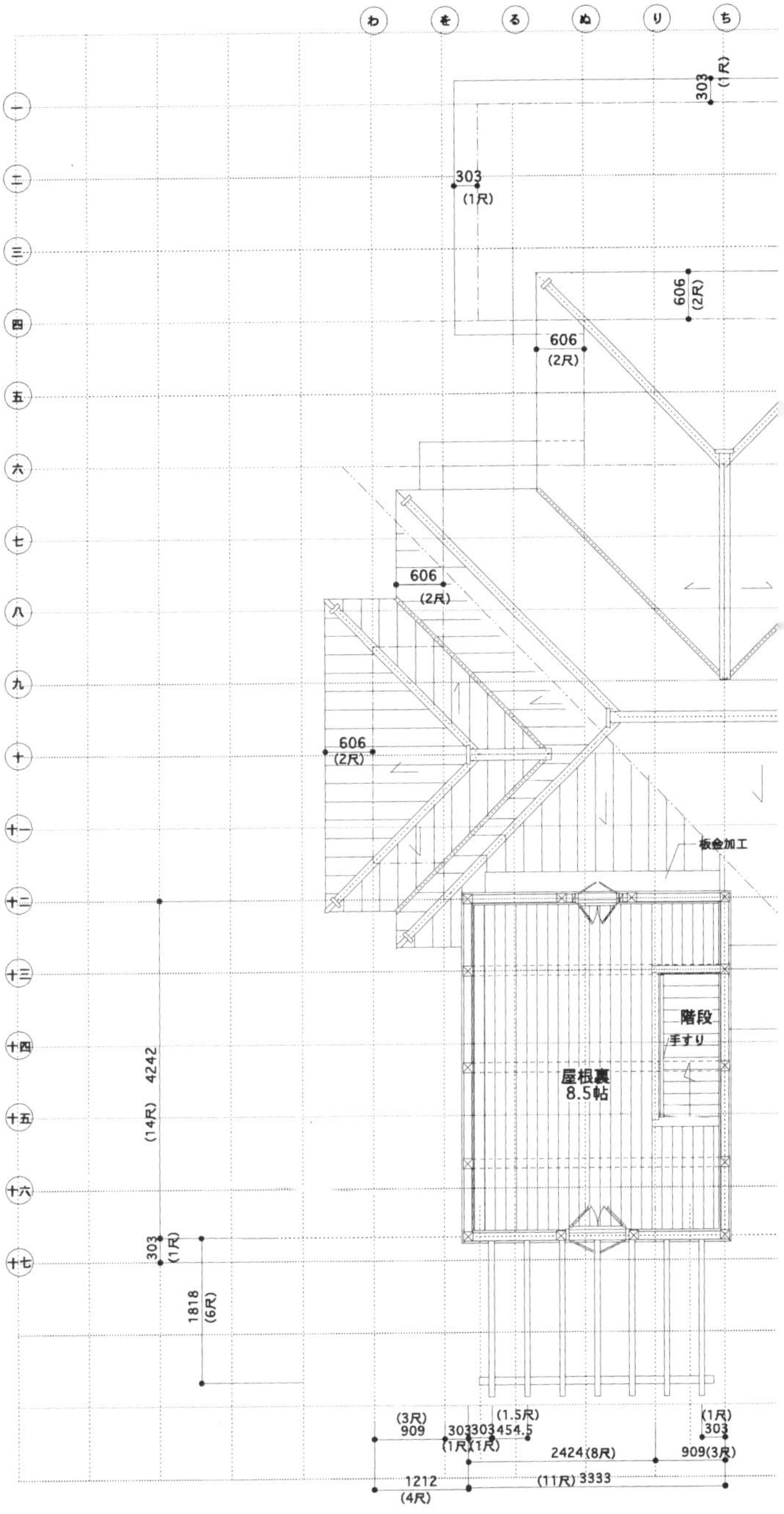

わ
を
る
ぬ
り
ち
一
二
三
四
五
六
七
八
九
十
十一
十二
十三
十四
十五
十六
十七
303
(1尺)
606
(2尺)
板金加工
階段
手すり
屋根裏
8.5帖
4242
(14尺)
1818
(6尺)
(3尺)
909
(1.5尺)
454.5
2424(8尺)
909(3尺)
1212
(4尺)
(11尺) 3333

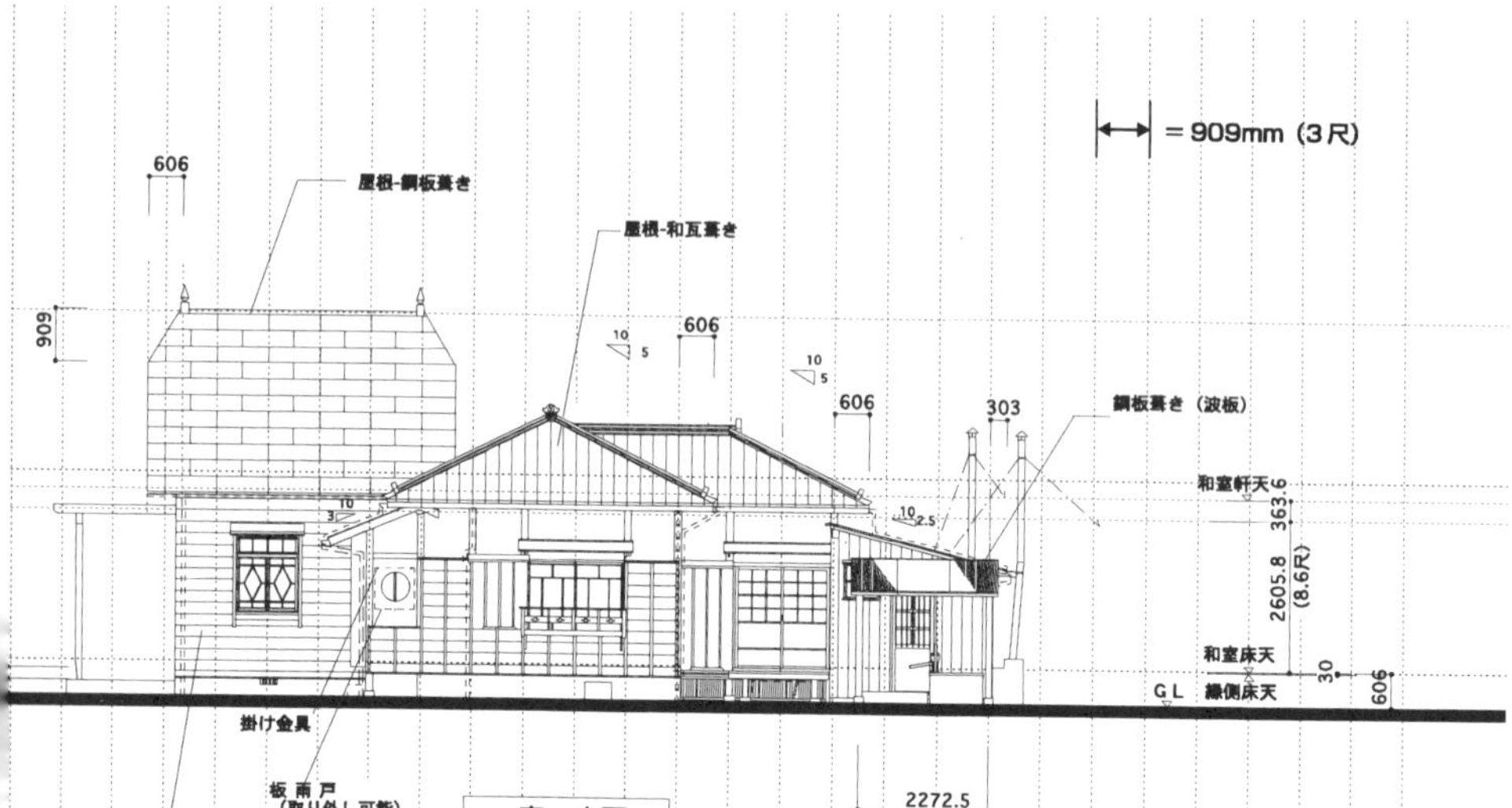
＝909mm（3尺）
606
屋根-鋼板葺き
屋根-和瓦葺き
909
10
5
606
10
5
606
303
鋼板葺き（波板）
和室軒天
363.6
10
3
10
2.5
2605.8
(8.6尺)
和室床天
30
GL
縁側床天
606
掛け金具
板雨戸
（取り外し可能）
ー板張り
2272.5
東 立面

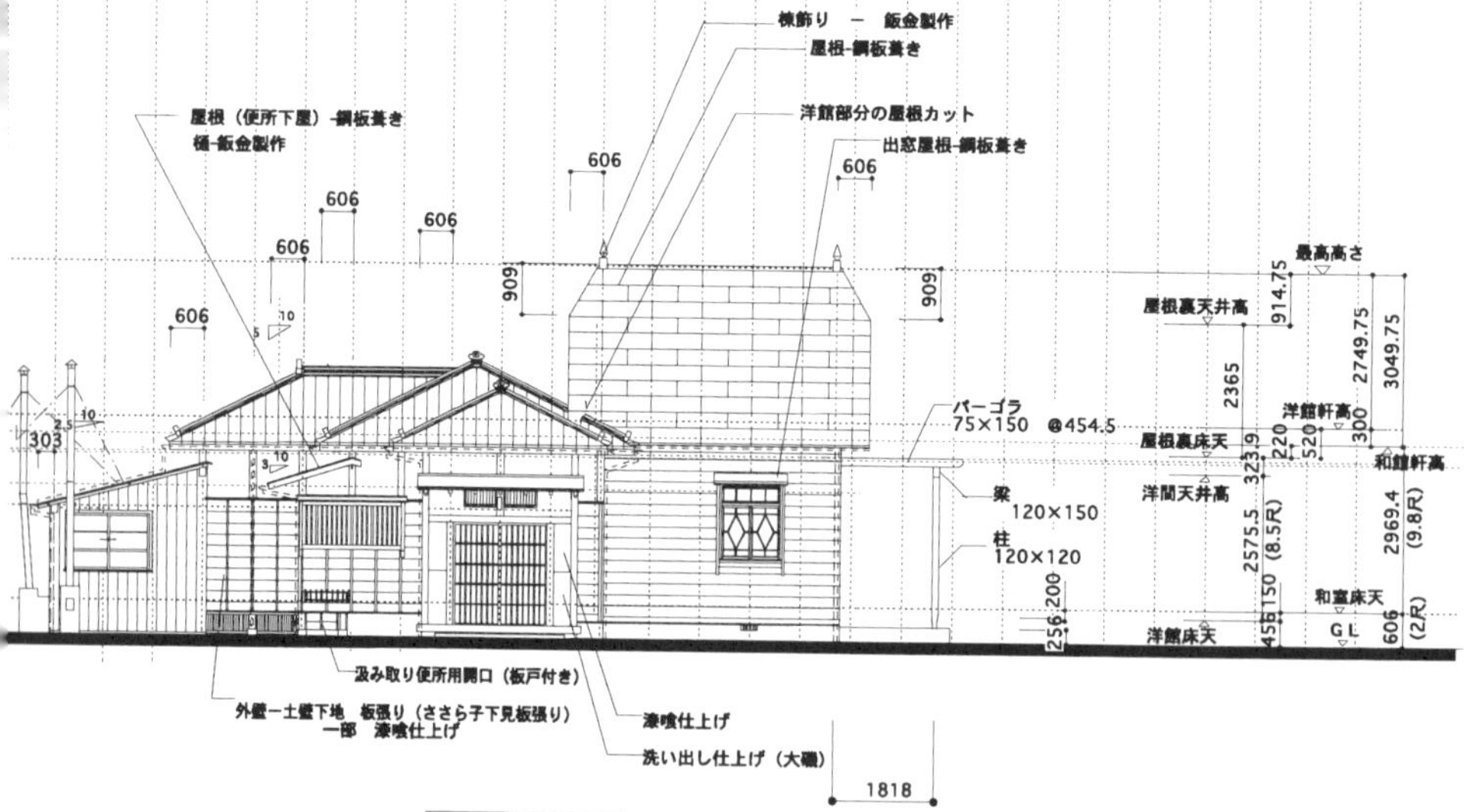
棟飾り ー 鈑金製作
屋根-鋼板葺き
洋館部分の屋根カット
出窓屋根-鋼板葺き
屋根（便所下屋）-鋼板葺き
樋-鈑金製作
606
606
606
606
606
606
909
909
5
10
303
2.5
10
10
3
最高高さ
914.75
屋根裏天井高
2365
2749.75
3049.75
パーゴラ
75×150 @454.5
洋館軒高
300
屋根裏床天
220
520
和館軒高
323.9
洋間天井高
梁
120×150
柱
120×120
2575.5
(8.5尺)
2969.4
(9.8尺)
和室床天
200
256
150
456
GL
606
(2尺)
洋館床天
汲み取り便所用開口（板戸付き）
外壁ー土壁下地 板張り（ささら子下見板張り）
一部 漆喰仕上げ
漆喰仕上げ
洗い出し仕上げ（大磯）
1818
西 立面

05 立面図

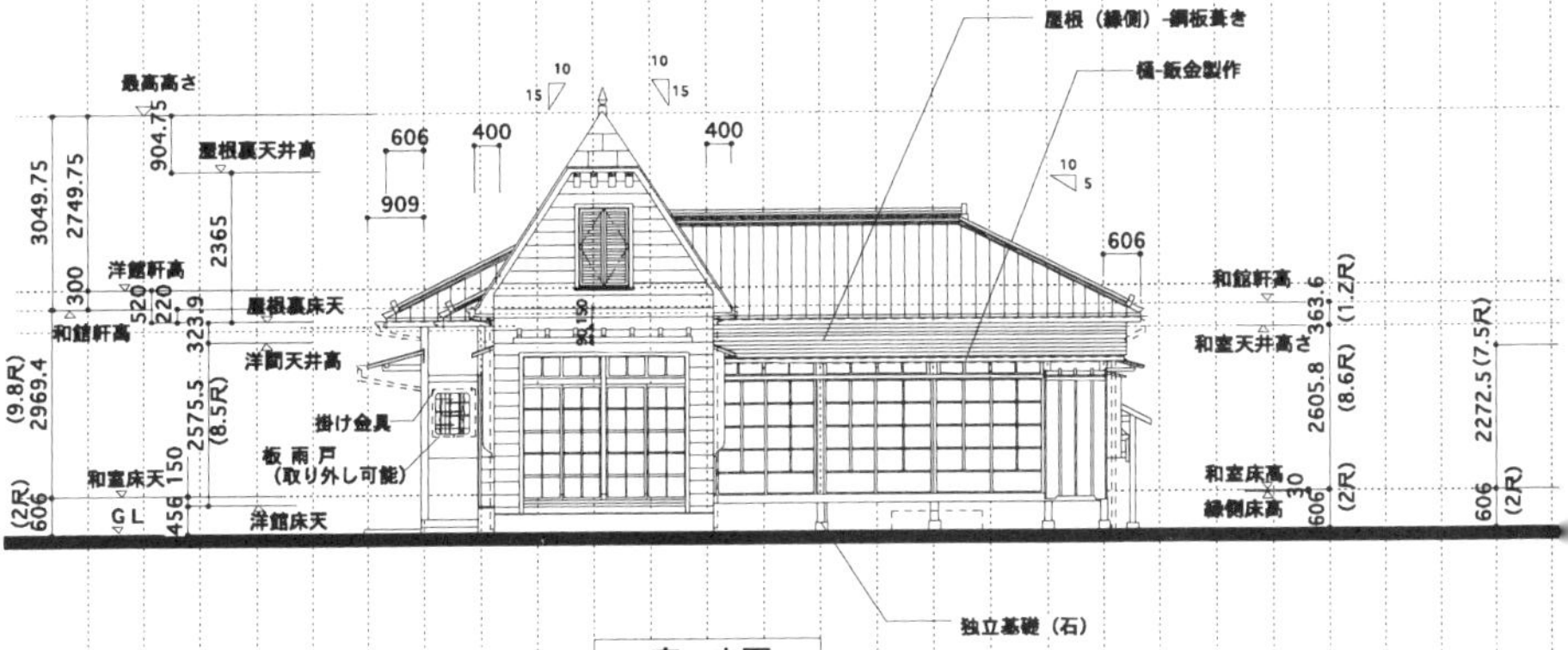

南　立面

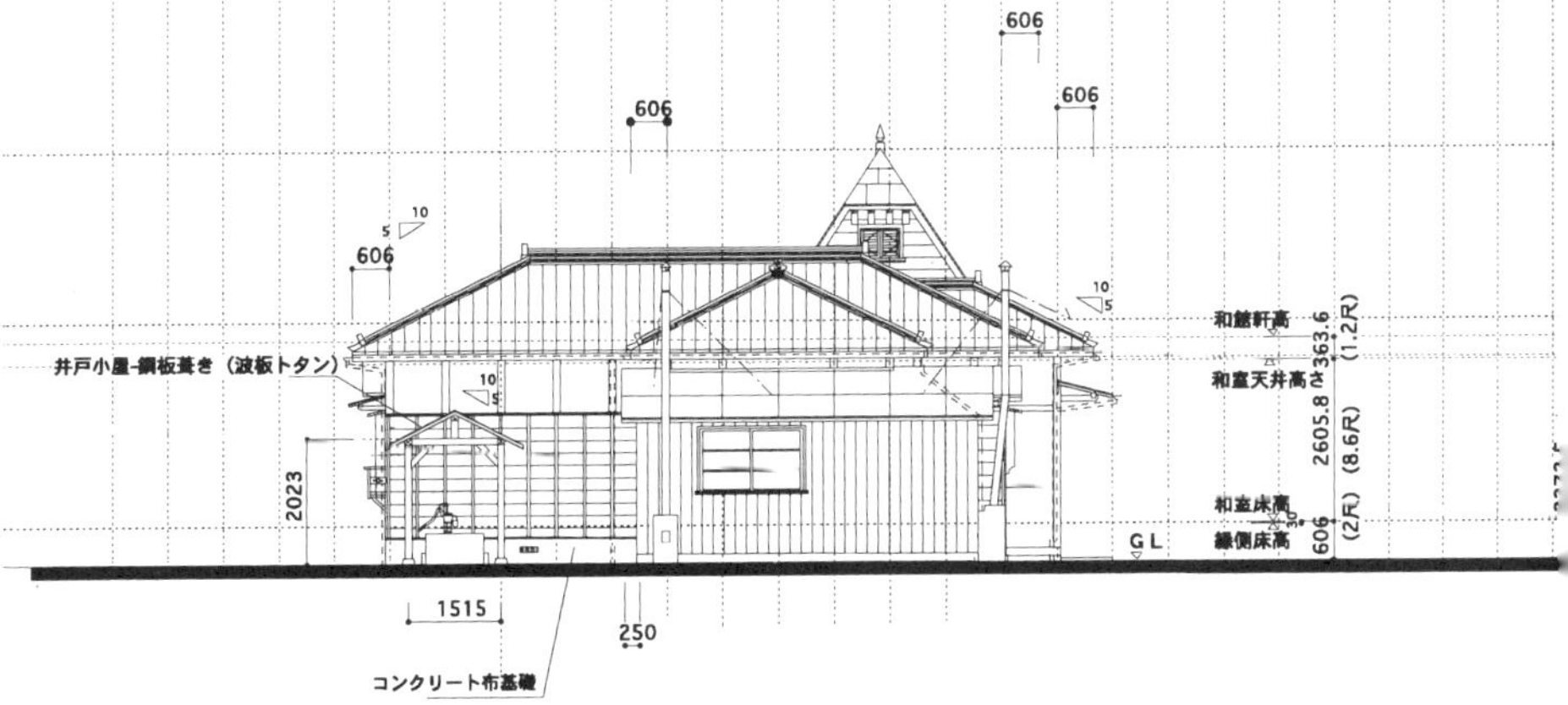

北　立面

建物を代表する部分の部材や高さを詳細に示した断面図

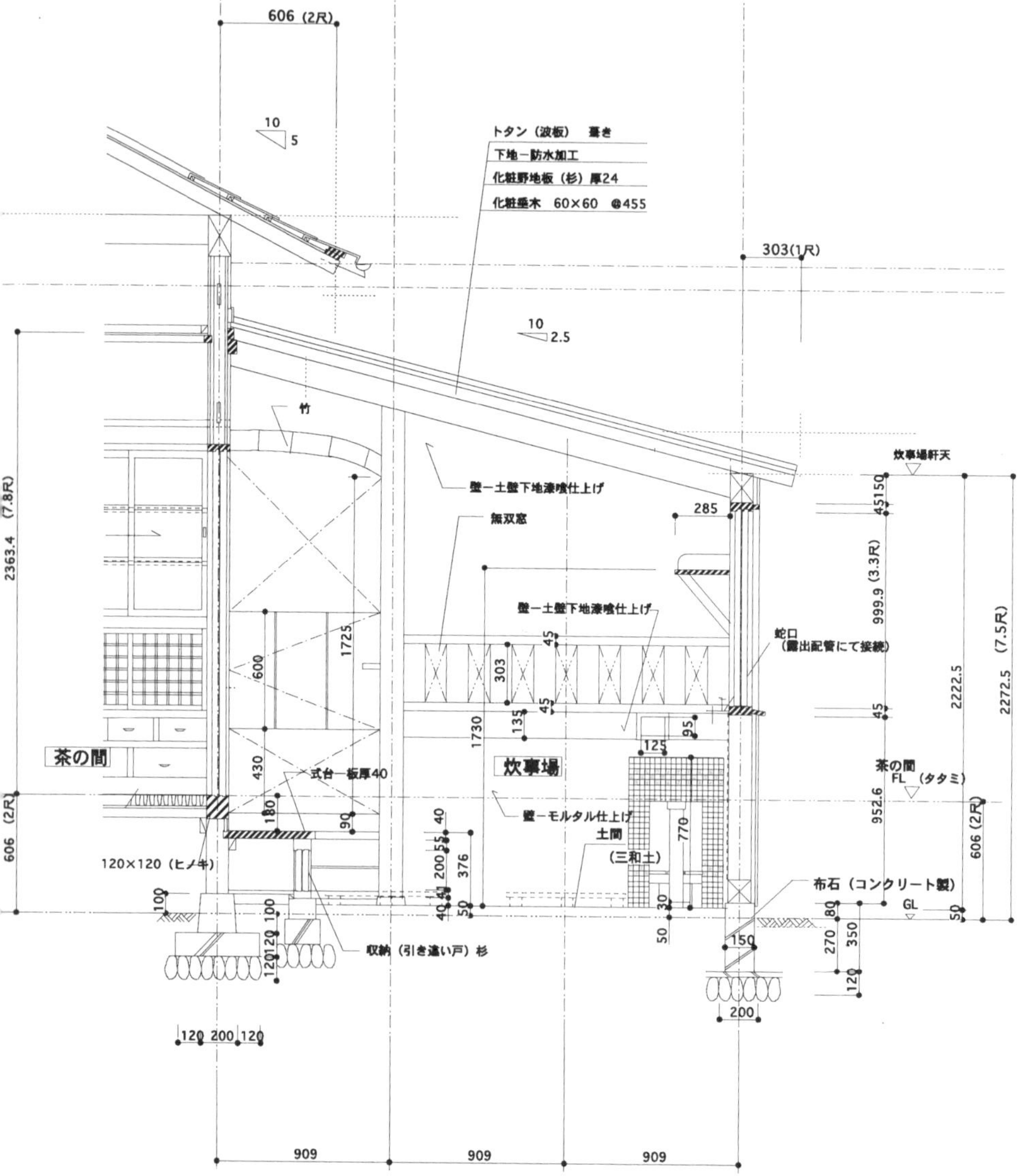

06 矩計図

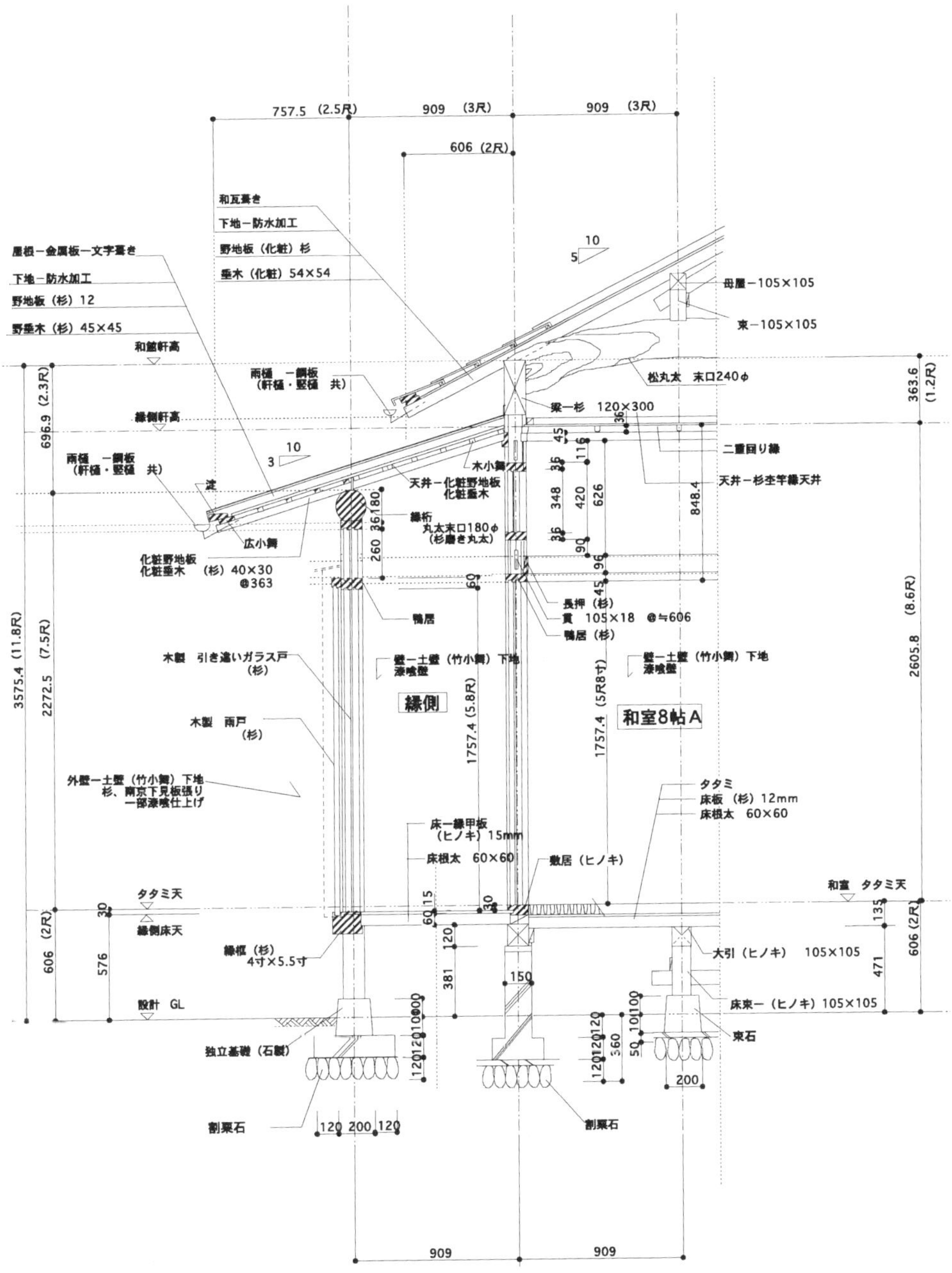

757.5 (2.5尺)
909 (3尺)
909 (3尺)
606 (2尺)
和瓦葺き
下地－防水加工
野地板（化粧）杉
垂木（化粧）54×54
屋根－金属板－文字葺き
下地－防水加工
野地板（杉）12
野垂木（杉）45×45
和館軒高
縁側軒高
10
5
母屋－105×105
束－105×105
松丸太　末口240φ
雨樋　－銅板
（軒樋・竪樋　共）
梁－杉　120×300
二重回り縁
天井－杉竿縁天井
363.6 (1.2尺)
696.9 (2.3尺)
10
3
雨樋　－銅板
（軒樋・竪樋　共）
淀
木小舞
天井－化粧野地板
化粧垂木
縁桁
丸太末口180φ
（杉磨き丸太）
広小舞
化粧野地板
化粧垂木　（杉）40×30
@363
鴨居
長押（杉）
貫　105×18　@≒606
鴨居（杉）
木製　引き違いガラス戸
（杉）
壁－土壁（竹小舞）下地
漆喰壁
壁－土壁（竹小舞）下地
漆喰壁
縁側
和室8帖A
木製　雨戸
（杉）
外壁－土壁（竹小舞）下地
杉、南京下見板張り
一部漆喰仕上げ
3575.4 (11.8尺)
2272.5 (7.5尺)
1757.4 (5.8尺)
1757.4 (5尺8寸)
848.4
2605.8 (8.6尺)
タタミ
床板（杉）12mm
床根太　60×60
床－縁甲板
（ヒノキ）15mm
床根太　60×60
敷居（ヒノキ）
タタミ天
縁側床天
和室　タタミ天
606 (2尺)
縁框（杉）
4寸×5.5寸
大引（ヒノキ）　105×105
床束－（ヒノキ）105×105
束石
設計　GL
独立基礎（石製）
割栗石
割栗石
120 200 120
200
909
909

部屋の真ん中に立って、四方の壁面を北側から時計回りに順に見た図面

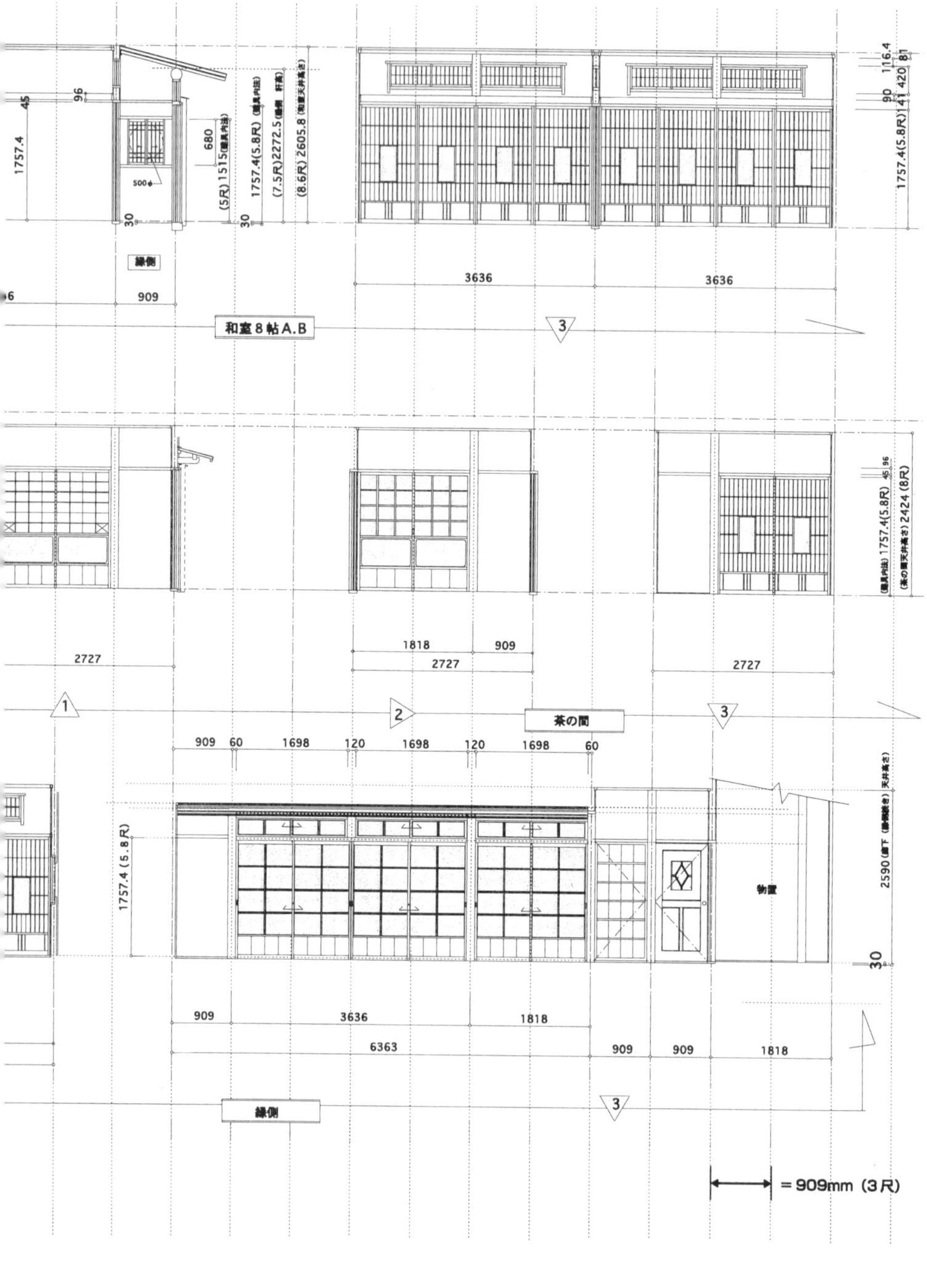

07 展開図1

落し掛け—杉
床柱—杉丸太
床の間
床板—松
床框—松
竹　(黒竹) 12〜15φ
軸釘
床の間
縁側
和室8帖A
和室8帖B
800φ
天井見切り材
下がり壁
展開方向
1
2
3
4

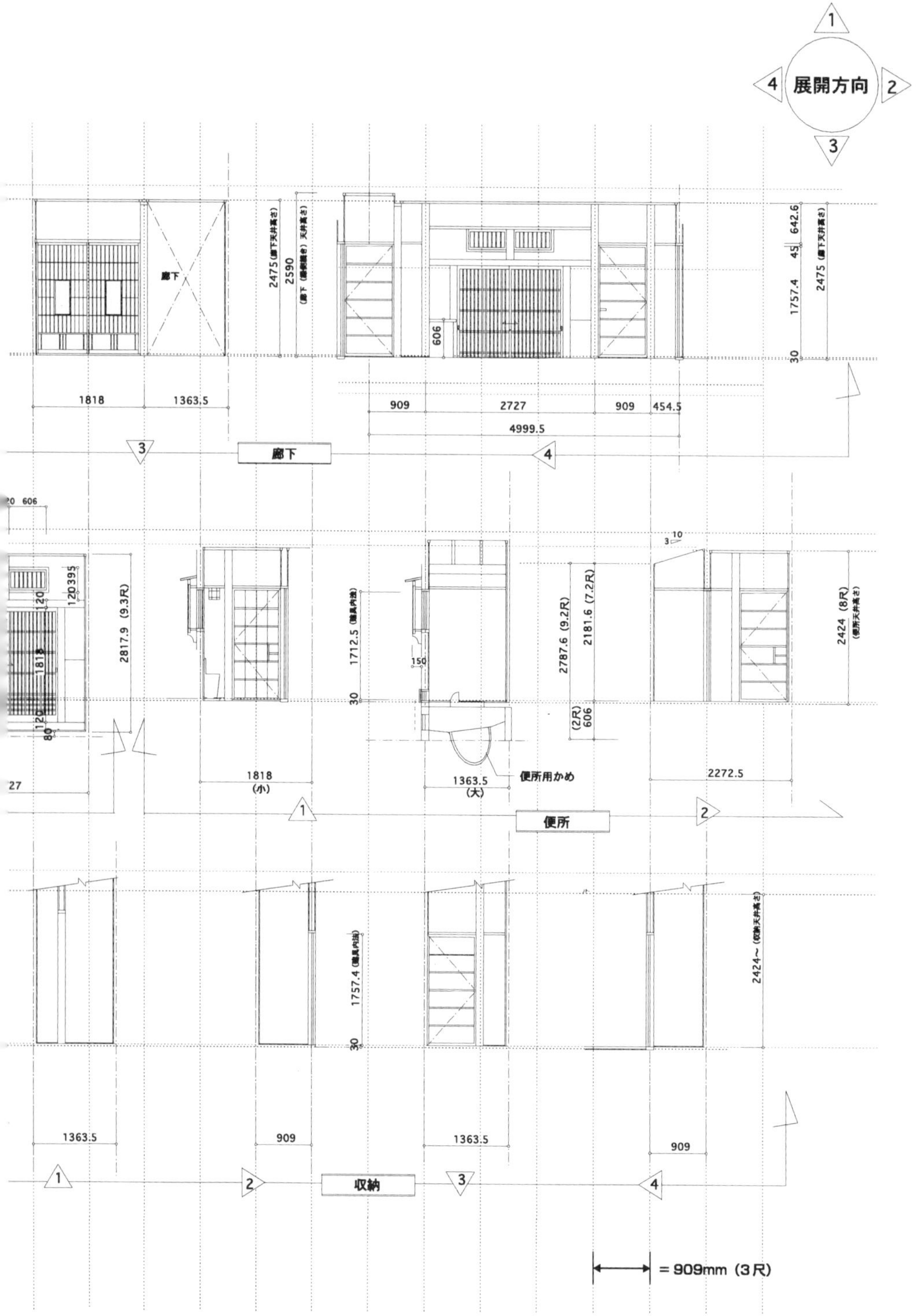

展開方向
1
2
3
4
廊下
廊下
2475
2590
1818
1363.5
909
2727
909
454.5
4999.5
642.6
45
1757.4
30
606
2475
2817.9 (9.3尺)
1818
1818
(小)
1712.5
30
150
1363.5
(大)
便所用かめ
2787.6 (9.2尺)
2181.6 (7.2尺)
(2尺)
606
2424 (8尺)
2272.5
便所
1363.5
909
1757.4
30
1363.5
2424~
909
収納
= 909mm (3尺)

展開図2

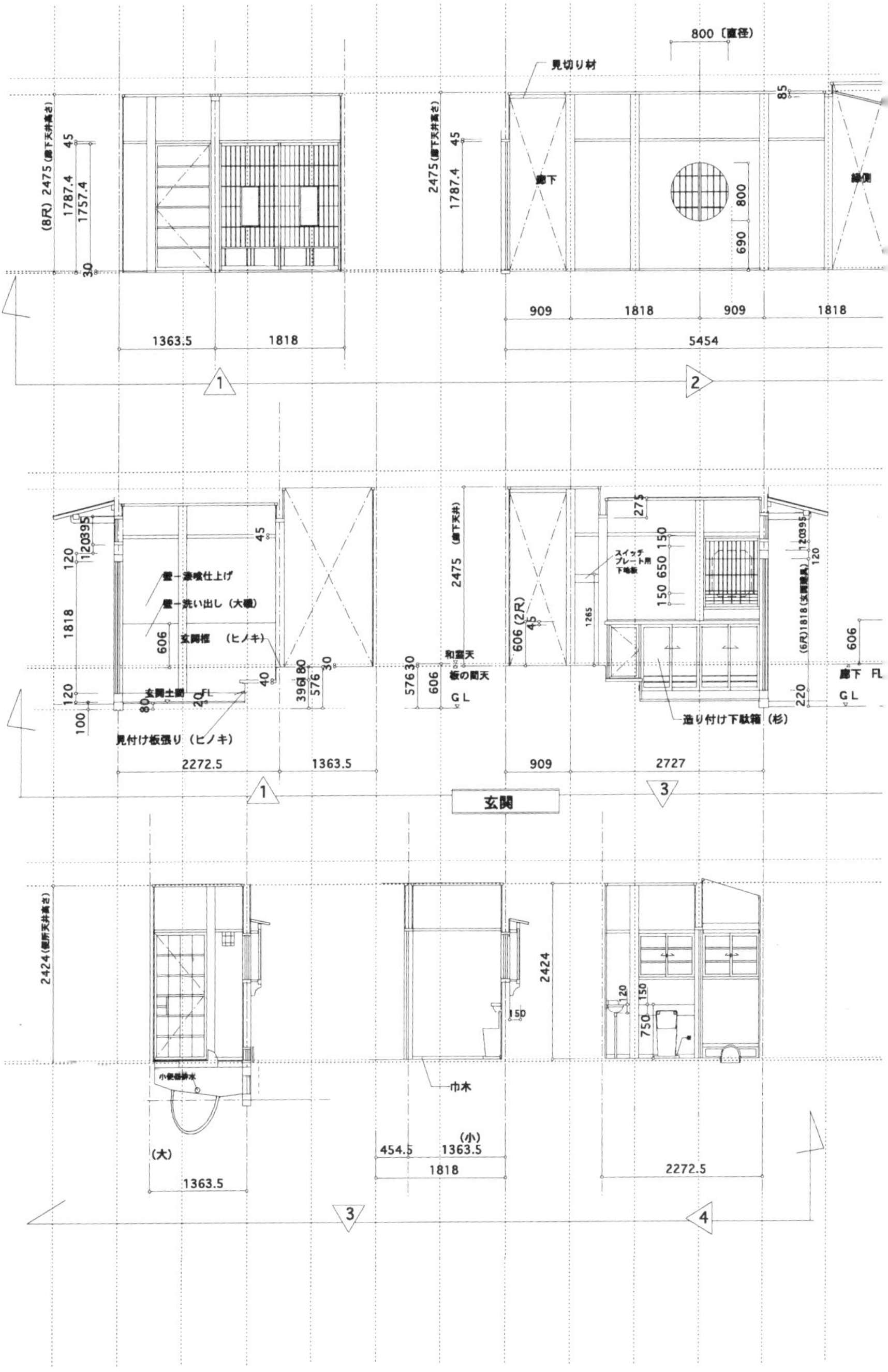

800〔直径〕
見切り材
(8尺) 2475 (廊下天井高さ)
45
1787.4
1757.4
30
2475 (廊下天井高さ)
1787.4
85
廊下
縁側
800
690
1363.5
1818
909
1818
909
1818
5454
1
2
壁−漆喰仕上げ
壁−洗い出し（大磯）
玄関框　（ヒノキ）
玄関土間
FL
見付け板張り（ヒノキ）
120
12
395
1818
606
120
100
80
20
40
396
180
576
30
2272.5
1363.5
2475 (廊下天井)
606 (2尺)
45
和室天
板の間天
GL
576
30
606
275
スイッチプレート用下地板
150
650
150
1265
(6尺) 1818 (玄関建具)
120
395
606
廊下 FL
220
GL
造り付け下駄箱（杉）
909
2727
1
3
玄関
2424 (便所天井高さ)
小便器排水
(大)
1363.5
2424
150
巾木
454.5
(小)
1363.5
1818
120
150
750
2272.5
3
4

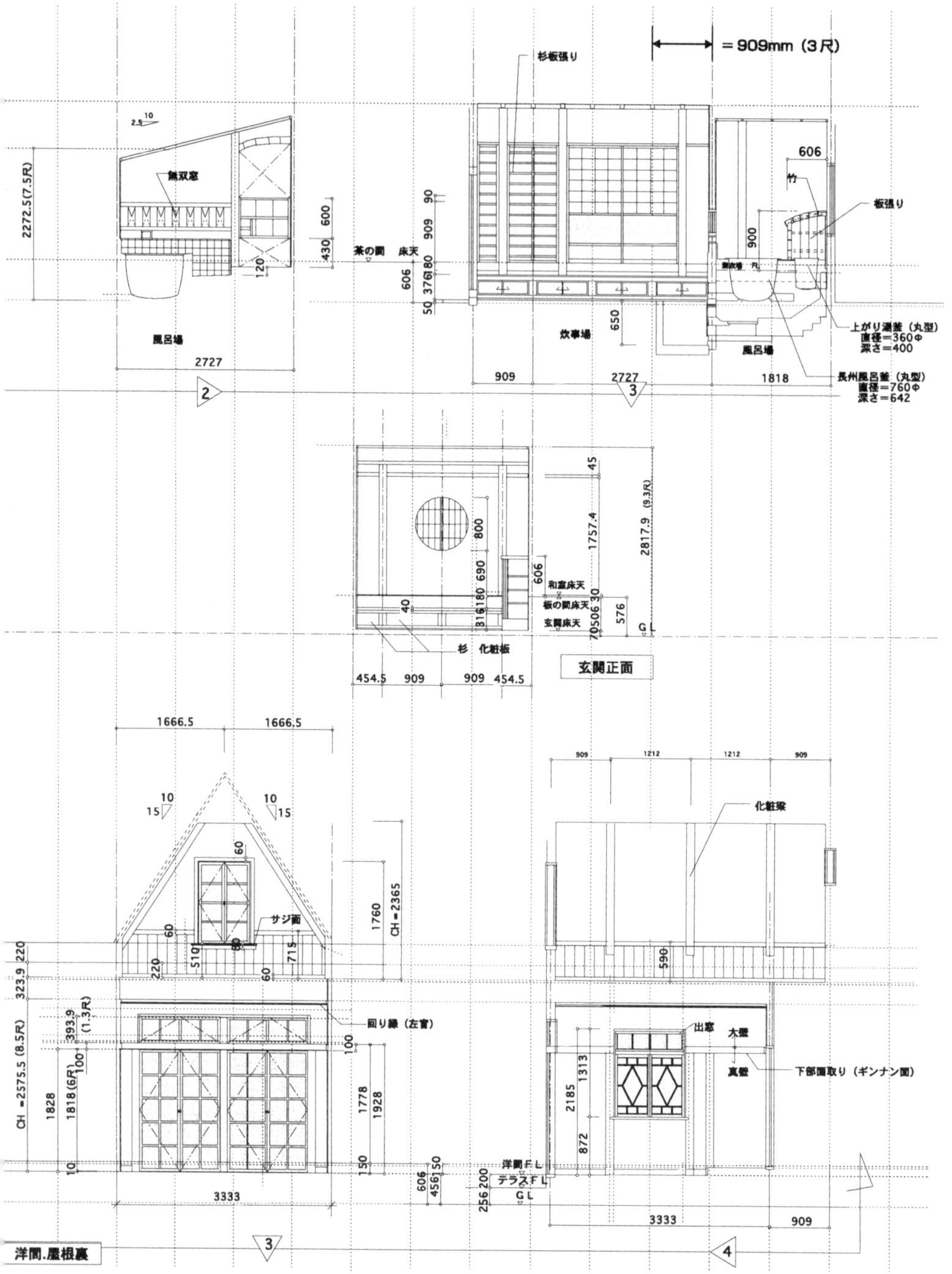

＝909mm（3尺）
杉板張り
無双窓
2272.5(7.5尺)
茶の間　床天
風呂場
2727
炊事場
909
2727
1818
606
竹
板張り
900
脱衣場 FL
上がり湯釜（丸型）
直径＝360Φ
深さ＝400
長州風呂釜（丸型）
直径＝760Φ
深さ＝642
1757.4
2817.9 (9.3尺)
和室床天
板の間床天
玄関床天
GL
杉　化粧板
454.5　909　909　454.5
玄関正面
1666.5　1666.5
909　1212　1212　909
化粧梁
サジ面
1760
CH＝2365
CH＝2575.5（8.5尺）
1818(6尺)
393.9 (1.3尺)
回り縁（左官）
出窓
大壁
真壁
下部面取り（ギンナン面）
洋間ＦＬ
テラスＦＬ
GL
3333
3333　909
洋間.屋根裏

09 展開図3

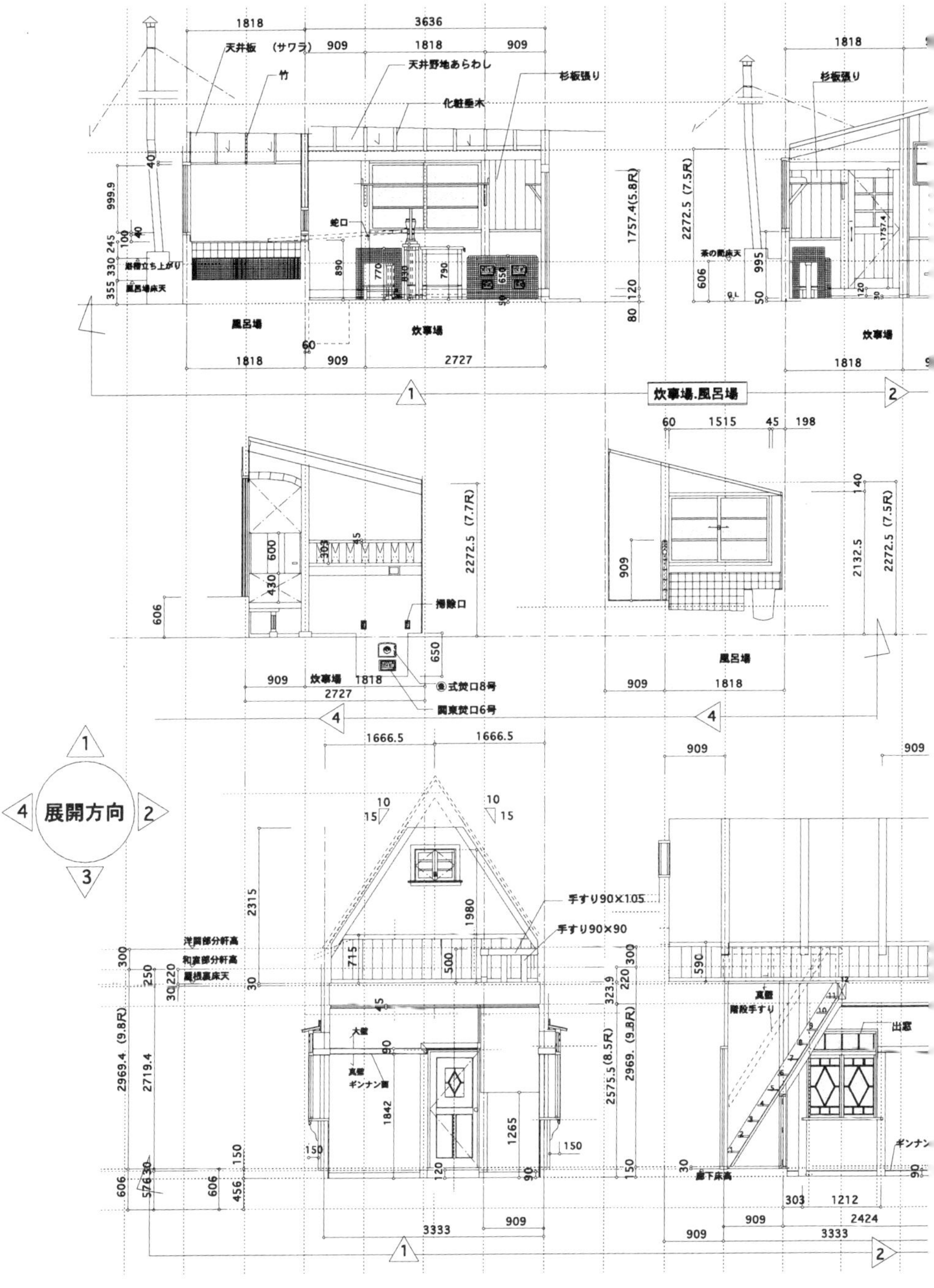

天井板 (サワラ)
竹
天井野地あらわし
化粧垂木
杉板張り
蛇口
鉄棒立ち上がり
風呂場床天
風呂場
炊事場
茶の間床天
炊事場.風呂場
掃除口
式焚口8号
関東焚口6号
展開方向
手すり90×105
手すり90×90
洋間部分軒高
和室部分軒高
屋根裏床天
大壁
真壁
ギンナン面
階段手すり
出窓
廊下床高

天井の材料や仕上げ方法が書かれた図面

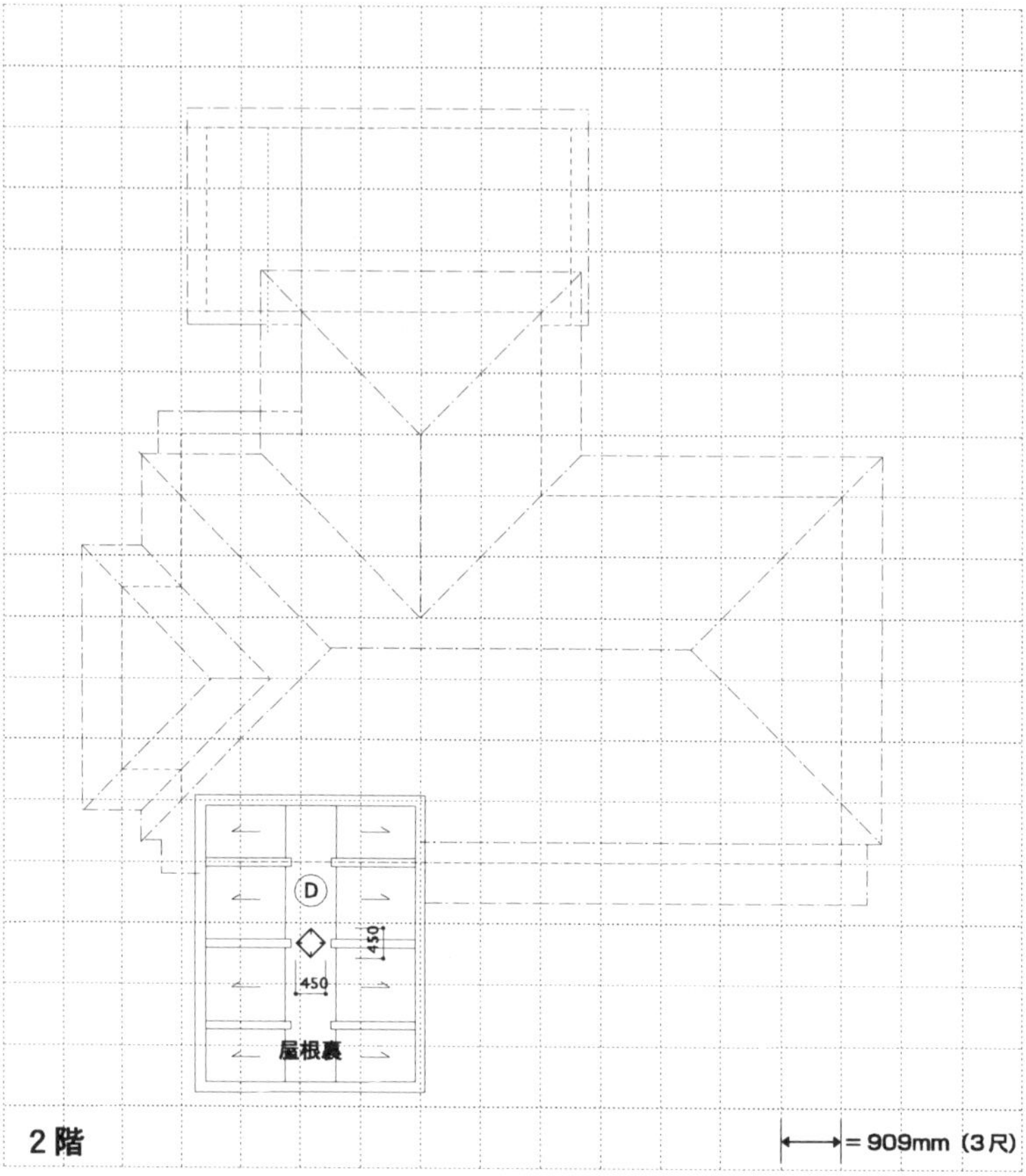

記号	仕上げ
Ⓗ	板張り（サワラ）　竿縁　（竹）　回り縁　（杉）
Ⓘ	化粧野地板、化粧垂木（杉）あらわし
Ⓙ	杉板張り　竿縁天井　回り縁　（杉）
Ⓚ	杉板張り
Ⓛ	化粧垂木（杉）　化粧野地板（杉）　あらわし　木小舞（杉）
Ⓜ	板張り（杉板）　（ＯＰ仕上げ）
Ⓝ	小屋裏あらわし

10 天井伏図

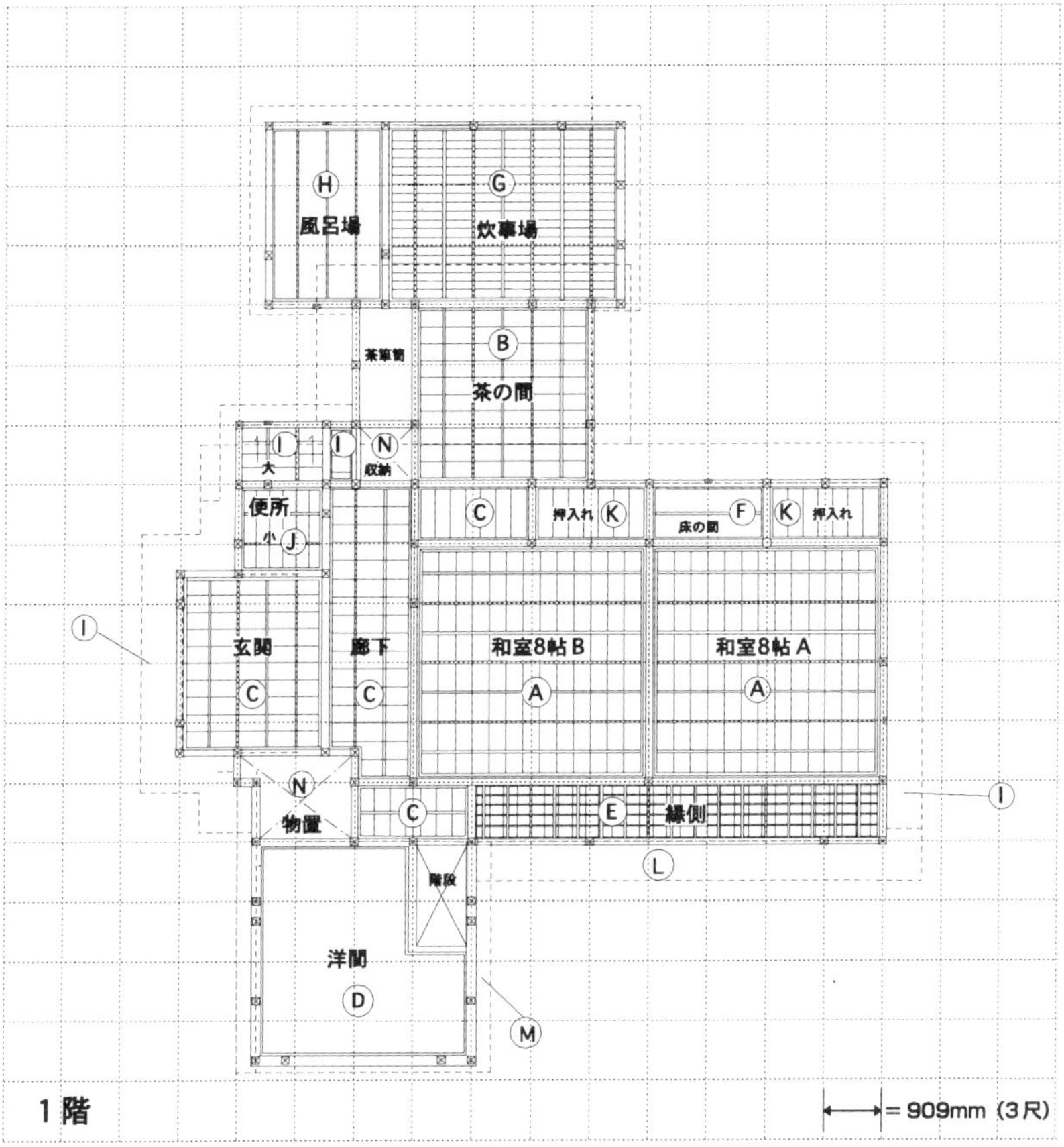

記号	仕上げ
Ⓐ	杉杢板　竿縁天井　二重回り縁　（杉）
Ⓑ	杉杢板　竿縁天井　回り縁　（杉）
Ⓒ	杉杢板　竿縁天井　回り縁　（杉）
Ⓓ	1階　漆喰 左官仕上げ　回り縁（ジャバラ）— 漆喰　左官仕上げ 2階　漆喰 左官仕上げ　天井レリーフ — 漆喰　左官仕上げ
Ⓔ	化粧野地板、化粧垂木あらわし（杉）　木小舞　（杉）
Ⓕ	杉杢板　竿縁天井　回り縁　（杉）
Ⓖ	化粧野地板（杉）化粧垂木（ヒノキ）　回り縁　（杉）

建物を支える基礎の配置を表した図面

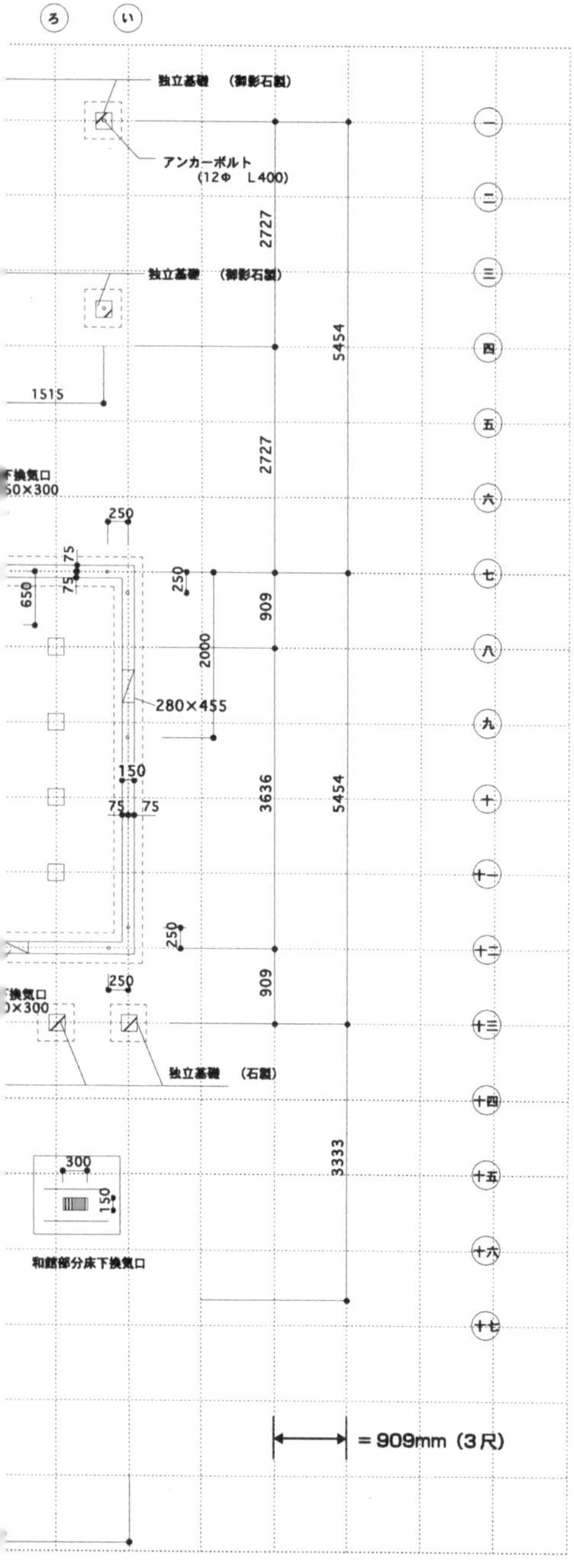

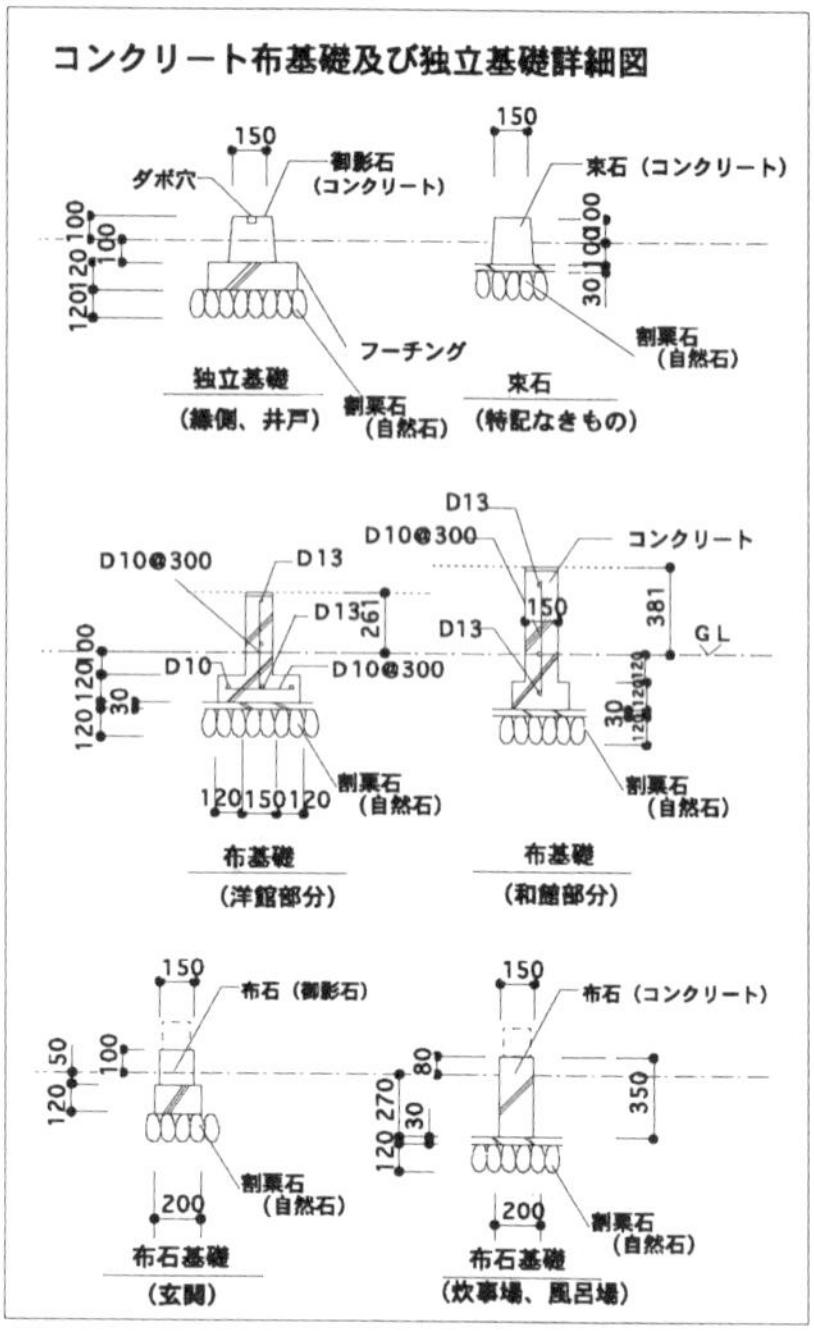

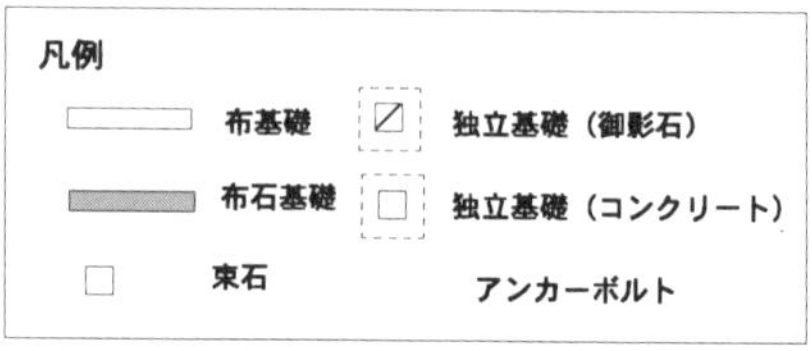

11 基礎伏図

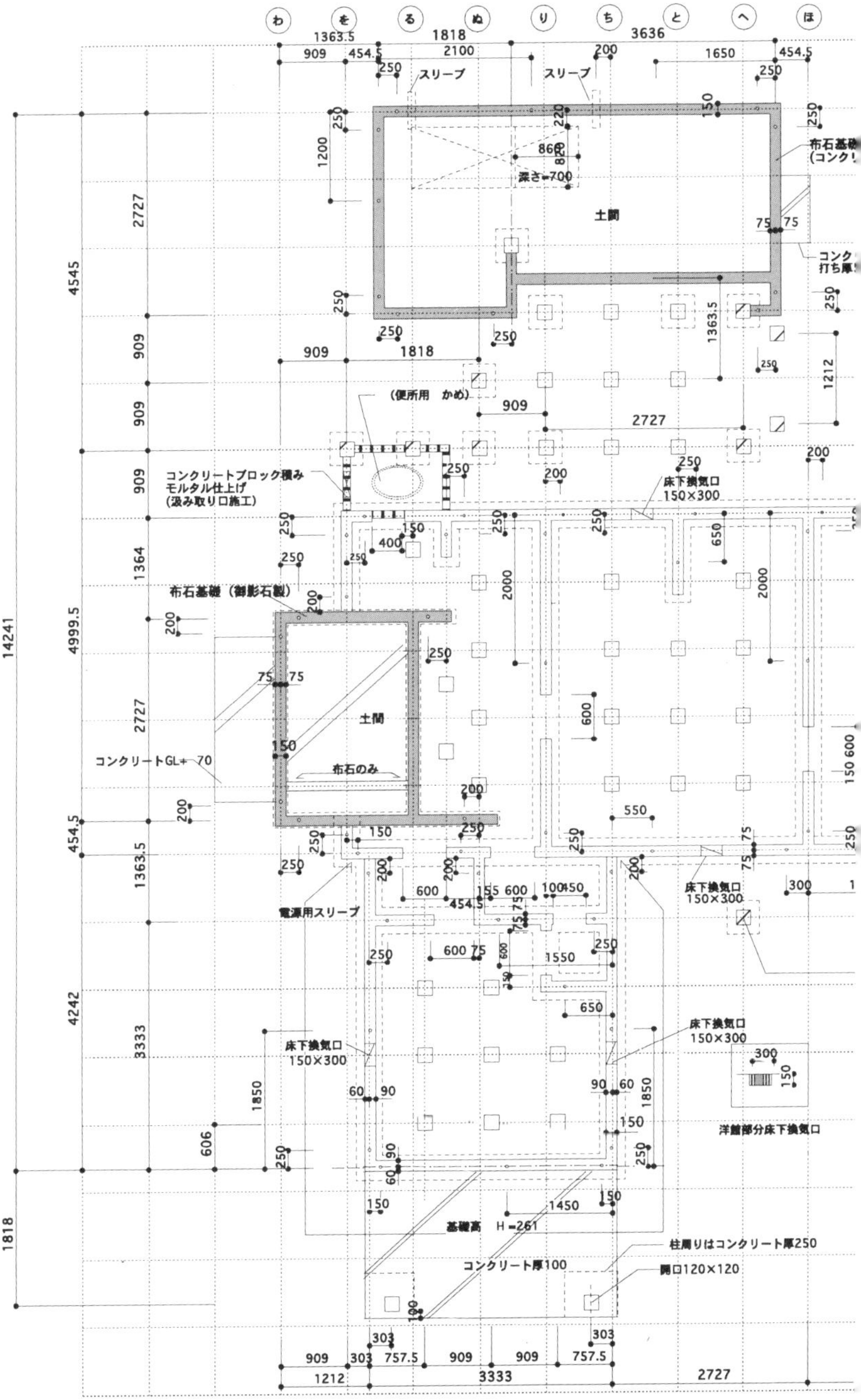
わ
を
る
ぬ
り
ち
と
へ
ほ
スリーブ
スリーブ
深さ=700
土間
（便所用　かめ）
コンクリートブロック積み
モルタル仕上げ
（汲み取り口施工）
床下換気口
150×300
布石基礎（御影石製）
土間
コンクリートGL+ 70
布石のみ
床下換気口
150×300
電源用スリーブ
床下換気口
150×300
床下換気口
150×300
洋館部分床下換気口
基礎高　H=261
柱周りはコンクリート厚250
コンクリート厚100
開口120×120

畳を敷く前段階となる荒床や、床材をのせる床組の構造を示した図面

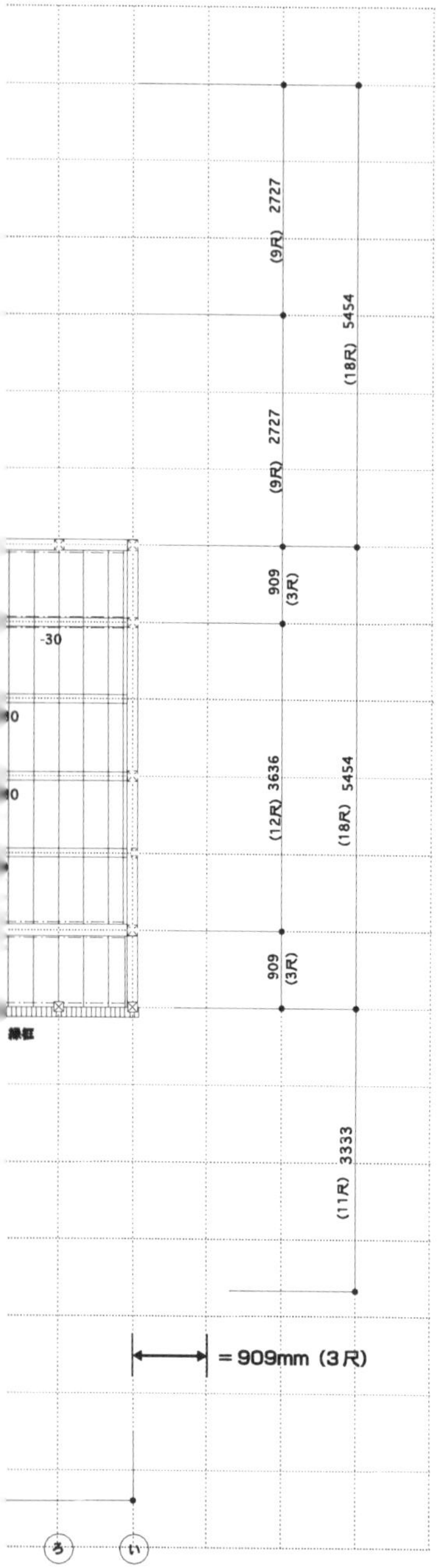

部材リスト

土台 — 120×120（ヒノキ）

大引 — 105×105（ヒノキ）

根太 — 60×60（ヒノキ）和室@303 板間@303

根太掛 — 45×90 （杉）

— 土台の上より建てられている柱を示す

⊠ — 独立基礎の上より建てられている柱を示す

— 布石基礎の上の土台を示す

※土台上の数字は一般部土台高さからのレベルを示す。

12 床伏図

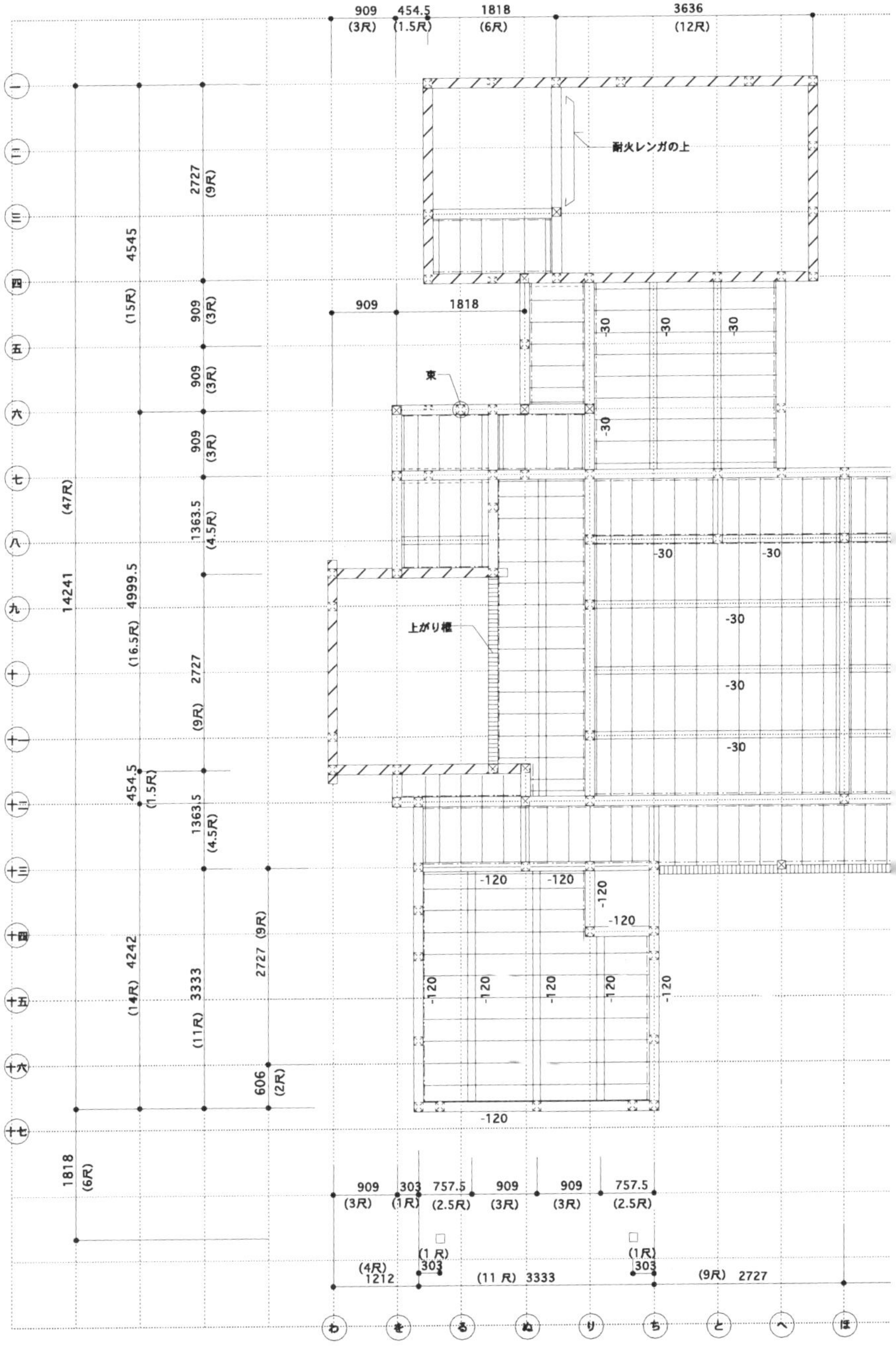

909 (3尺)
454.5 (1.5尺)
1818 (6尺)
3636 (12尺)
耐火レンガの上
束
上がり框
-30
-120
14241 (47尺)
4545 (15尺)
4999.5 (16.5尺)
454.5 (1.5尺)
4242 (14尺)
1818 (6尺)
2727 (9尺)
909 (3尺)
1363.5 (4.5尺)
3333 (11尺)
606 (2尺)
303 (1尺)
757.5 (2.5尺)
1212 (4尺)
3333 (11 尺)
2727 (9尺)
一
二
三
四
五
六
七
八
九
十
十一
十二
十三
十四
十五
十六
十七
わ
を
る
ぬ
り
ち
と
へ
は

屋根を支える骨組みの部材や、梁の位置・寸法を示した図面

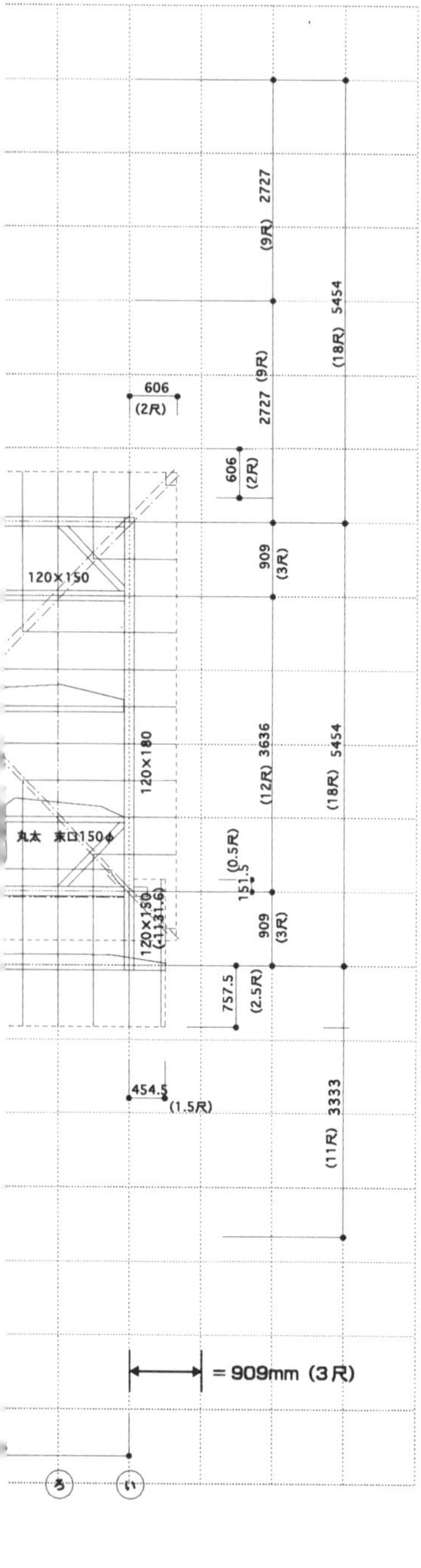

部材リスト

棟木 — 105×105 (杉)

隅木 — 105×120 (杉)

母屋 — 105×105 (杉)

小屋束 — 105×105 (杉)

垂木掛 — 45×105 (杉)

根太掛 — 45×105 (杉)

火打梁 — 105×105 (杉)

垂木（和館部分） 化粧垂木 54×54 (杉)

垂木（縁側部分） 野垂木 45×45 化粧垂木 40×30 (杉)

垂木（炊事場、風呂場部分） 垂木 60×60 （芯持ち材）（ヒノキ）

※梁の高さの基準は、和館屋根の軒天からの距離を表す。

13 梁伏図・小屋伏図

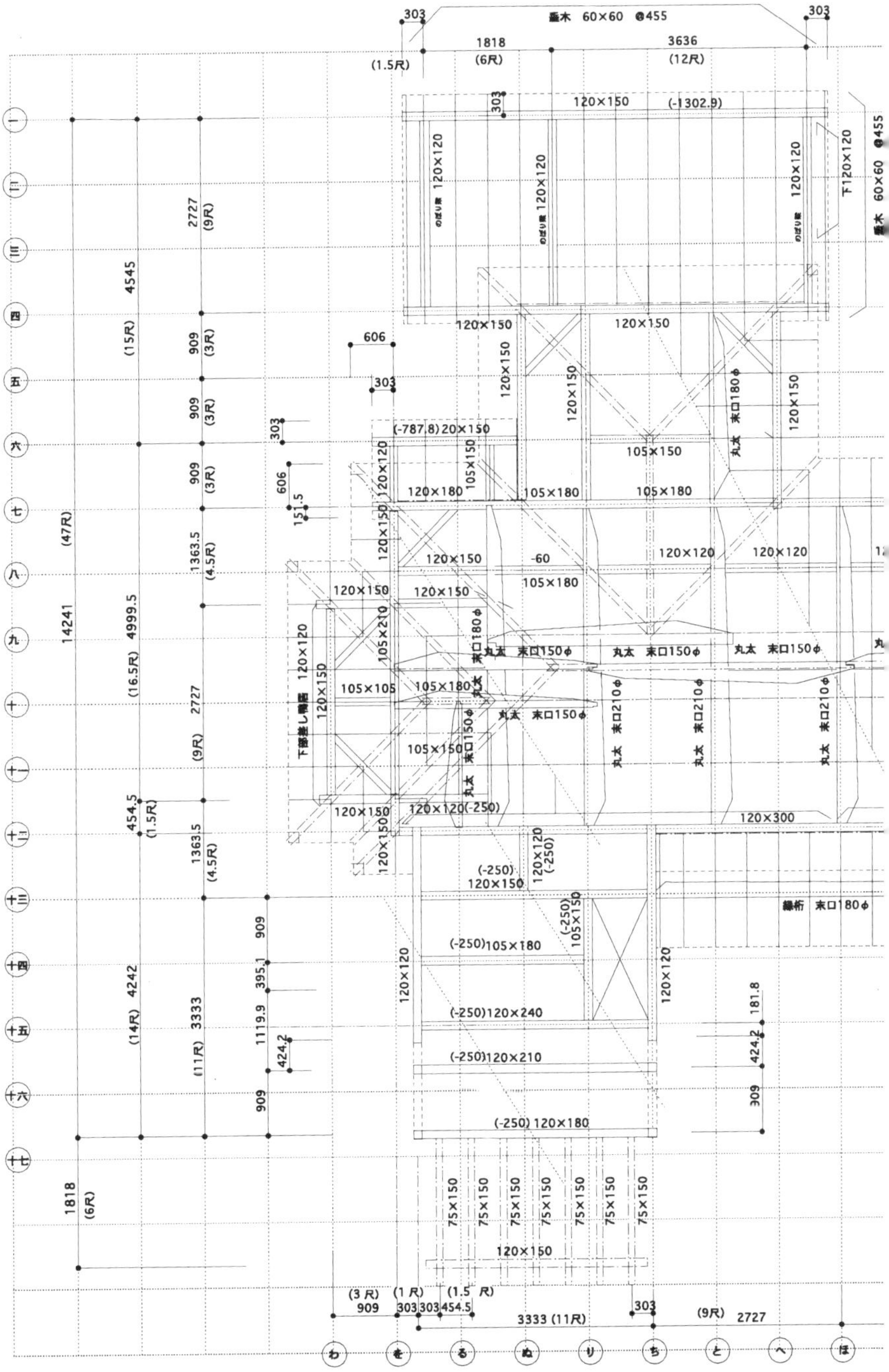

垂木 60×60 @455
303
1818
(6尺)
3636
(12尺)
(1.5尺)
120×150
(-1302.9)
のぼり梁 120×120
下120×120
垂木 60×60 @455
120×150
606
303
(-787.8) 20×150
105×150
120×120
120×180
105×180
151.5
末口180φ
丸太
-60
120×150
105×180
120×120
下屋差し鴨居 120×120
120×150
105×210
末口180φ
丸太 末口150φ
105×105
105×180
末口210φ
105×150
120×120(-250)
120×300
120×120
(-250)
(-250)
120×150
105×150
縁桁 末口180φ
(-250)105×180
(-250)120×240
(-250)120×210
(-250) 120×180
181.8
424.2
309
75×150
120×150
(3尺)
909
(1尺)
303
(1.5 尺)
454.5
3333 (11尺)
(9尺)
2727
2727
(9尺)
4545
(15尺)
909
(3尺)
1363.5
(4.5尺)
(47尺)
14241
4999.5
(16.5尺)
454.5
(1.5尺)
4242
(14尺)
3333
(11尺)
395.1
1119.9
1818
(6尺)
一
二
三
四
五
六
七
八
九
十
十一
十二
十三
十四
十五
十六
十七
わ
を
る
ぬ
り
ち
と
へ
ほ

洋館の屋根を支える骨組みを見る図面

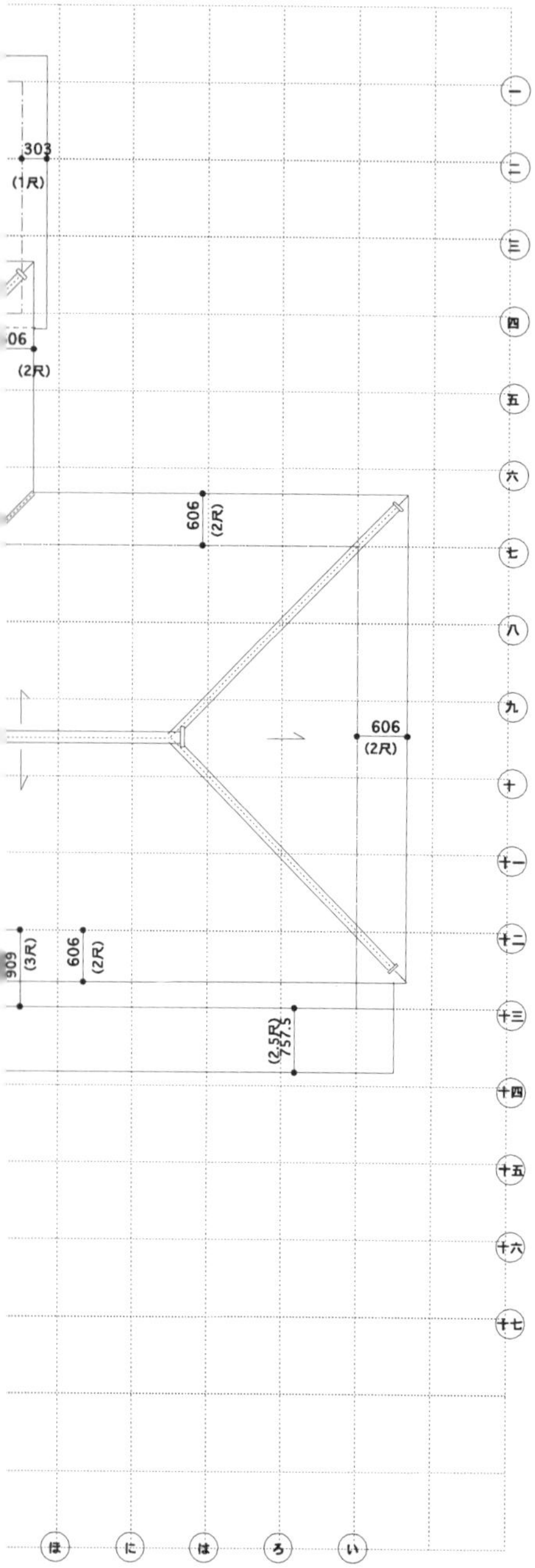

部材リスト

母屋（洋館部分）	105×105 （杉）
垂木（洋館部分）	垂木 45×45 （ヒノキ）
野地板（洋館部分）	厚＝12 （杉） 斜め張り
つなぎ（洋館部分）	120×120 （杉）

14　洋館小屋伏図

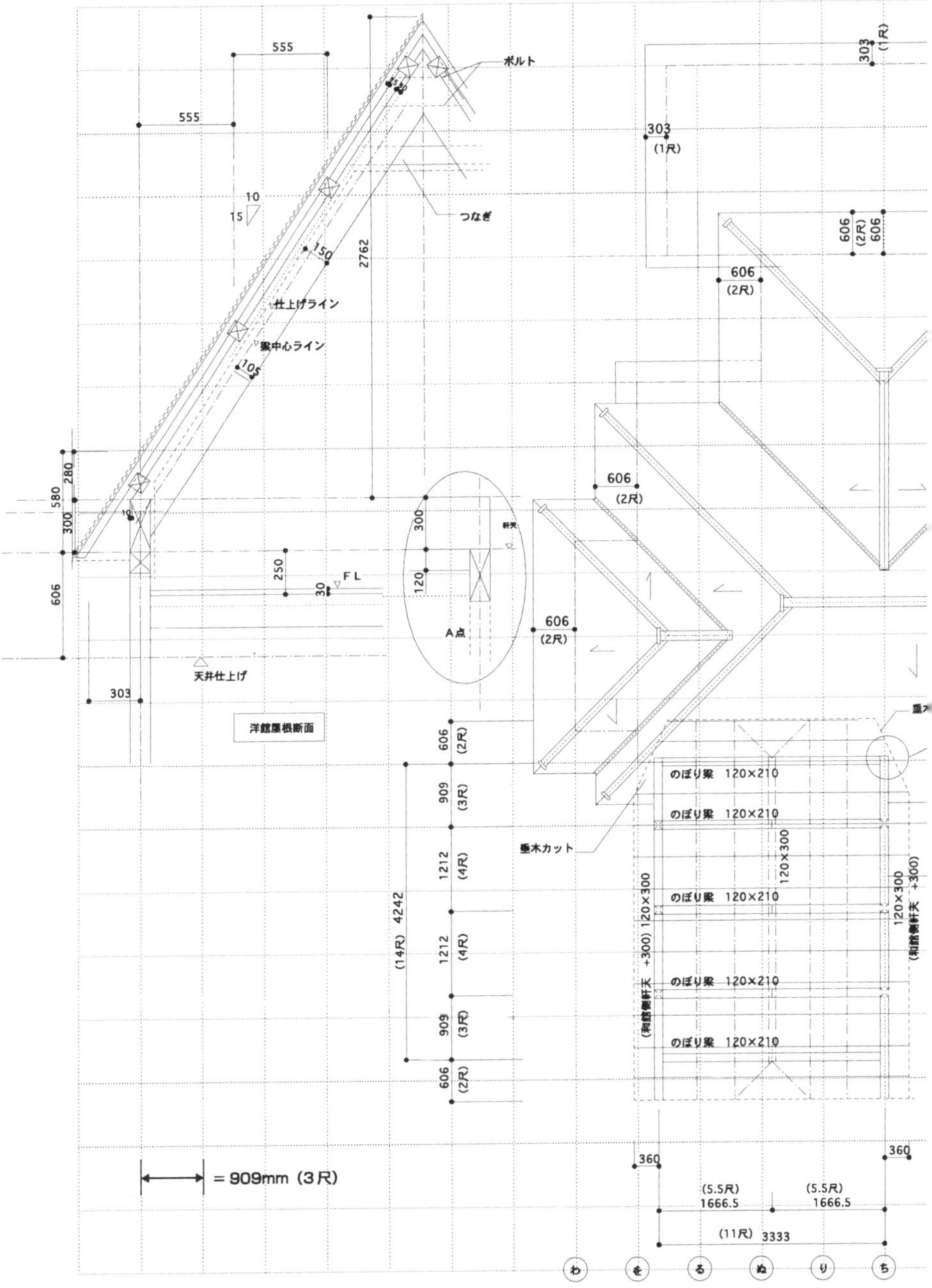

ボルト
555
555
10
15
150
2762
つなぎ
仕上げライン
梁中心ライン
105
580
280
300
606
250
30
FL
300
120
A点
天井仕上げ
303
洋館屋根断面
303
(1尺)
303
(1尺)
606
(2尺)
606
606
(2尺)
606
(2尺)
606
(2尺)
606
(2尺)
909
(3尺)
1212
(4尺)
1212
(4尺)
909
(3尺)
606
(2尺)
(14尺) 4242
のぼり梁 120×210
のぼり梁 120×210
のぼり梁 120×210
のぼり梁 120×210
のぼり梁 120×210
垂木カット
120×300
120×300
(和館側軒天 +300)
120×300
(和館側軒天 +300)
360
360
(5.5尺)
1666.5
(5.5尺)
1666.5
(11尺) 3333
わ
を
る
ぬ
り
ち
= 909mm (3尺)

「サツキとメイの家」をつくった人たち

製作	矢内 廣		
原作	宮崎 駿(「となりのトトロ」より)		
制作	宮崎 吾朗		

建築・外構デザイン	北嶋 明子		
演示デザイン	安西 香月		
建築設計・監理	山田建築研究所		
外構設計・監理	安西デザインスタジオ		
建築工事	中村建築	親方	中村 武司
木工事・木部エイジング		棟梁	増田 拓史
		大工	北山 一幸
			栓山 邦弘
			森 智則
			池山 琢馬
			市川 裕隆
			坪内 一雅
			海山 耕大
			他、五月工務店の皆さん
左官工事	水土グループ	左官	坂井 直幹
			小沼 充
			斎藤 剛史
			沢田 真彦
			増田 允
			飯田 能三
			新村 善成
			河崎 勇(風呂・かまど)
			保母 嘉郎(タイル)
仮設工事・仮設資材	(有)キタガワ		
	瀧富工業(株)		
土工事	(株)植村土建		
屋根瓦工事	(株)亀島瓦店		
樋・鈑金工事	大野鈑金工業		
建具工事	(株)村上商店		
	(合)祖父江硝子店		
	(株)セーシン		
電気設備工事	長谷電工(有)		
給排水・衛生設備工事	高瀬水道商会		
畳工事	浅見畳店		
金物製作工事	(株)三喜工務店		
材木	昭典木材(株)		
	あさひ製材協同組合		
	カネ森木材(有)		
	(株)山西		
瓦製作	(有)窓清		
鬼瓦製作	鬼亮鬼瓦店		
立便器・風呂タイル製作	辰己製陶所		
モザイクタイル製作	(株)INAX		
長州風呂釜製作	大和重工(株)		
井戸ポンプ製作	東邦工業(株)		
竹造作	(有)たけじん		
襖紙製作	(有)柏彌紙店		
外構工事	鹿島・飛島・ベクテル・名工共同企業体		
演示工事	(株)乃村工藝社		

※「サツキとメイの家」は、財団法人2005年日本国際博覧会協会により2005年日本国際博覧会 (愛称:愛・地球博、開催期間:2005年3月25日~9月25日)に出展するために長久手会場(名古屋東部丘陵)・森林体感ゾーンに建築されました。

写真　中島古英（カバー, p.5-23,74,78-79）
　　　五月工務店（p.64-69,70,72,76,111）

「サツキとメイの家、建築中」（p.34-63）は読売新聞（中部支社版）の連載「サツキとメイの家　建築中」（2004年4月21日～2005年1月19日）を読売新聞の協力を得てまとめたものです。

サツキとメイの家
のつくり方

初版　2005年3月31日

発　行　人　　神山陽子
編　　　集　　スタジオジブリ出版部
　　　　　　　編集担当　渋谷美音　北沢聡子
　　　　　　　〒184-0002　東京都小金井市梶野町1-4-25
　　　　　　　TEL 0422-60-5630
装丁デザイン　原美恵子　折原裕之（以上、東宝アド株式会社）
　　　　　　　川島弘世

印刷・製本　　図書印刷株式会社

発行・発売　　ぴあ株式会社
　　　　　　　〒102-0075　東京都千代田区三番町5-19
　　　　　　　TEL 03-3265-1424（販売）

ISBN4-8356-1541-7